本书获得中山大学粤港澳发展研究院2018年度课题
"广东自贸区发挥引领作用促进粤港澳区域融合的路径研究"的资助

广东自贸区发挥引领作用促进粤港澳区域融合的路径研究

GUANGDONG ZIMAOQU FAHUI YINLING ZUOYONG
CUJIN YUEGANGAO QUYU RONGHE DE LUJING YANJIU

艾德洲　邴緁纶　著

中山大学出版社
·广州·

版权所有　翻印必究

图书在版编目（CIP）数据

广东自贸区发挥引领作用促进粤港澳区域融合的路径研究/艾德洲，邴絷纶著. —广州：中山大学出版社，2018.8
ISBN 978-7-306-06367-0

Ⅰ.①广… Ⅱ.①艾…②邴… Ⅲ.①自由贸易区—经济发展—研究—广东 ②区域经济发展—研究—广东、香港、澳门 Ⅳ.①F752.865 ②F127.6

中国版本图书馆 CIP 数据核字（2018）第 119471 号

出 版 人：王天琪
策划编辑：曾育林
责任编辑：曾育林
封面设计：曾　斌
责任校对：马霄行
责任技编：何雅涛
出版发行：中山大学出版社
电　　话：编辑部 020-84110283，84111996，84111997，84113349
　　　　　发行部 020-84111998，84111981，84111160
地　　址：广州市新港西路 135 号
邮　　编：510275　传　真：020-84036565
网　　址：http://www.zsup.com.cn　E-mail：zdcbs@mail.sysu.edu.cn
印 刷 者：佛山市浩文彩色印刷有限公司
规　　格：787mm×1092mm　1/16　7.25 印张　170 千字
版次印次：2018 年 8 月第 1 版　2018 年 8 月第 1 次印刷
定　　价：28.00 元

如发现本书因印装质量影响阅读，请与出版社发行部联系调换

目　录

第一章　粤港澳区域融合的时代背景 ………………………… 1
　一、港澳回归 20 周年的发展积淀 ……………………………… 1
　二、广东自贸区改革试验的制度性引领 ………………………… 9
　三、粤港澳大湾区协同发展的历史机遇 ………………………… 13
　四、国家"一带一路"与"走出去"的支点需要 ……………… 17

第二章　区域中心发挥引领作用促进区域融合的理论依据 …… 20
　一、中心地理和中心带动理论 …………………………………… 20
　二、梯度推移和点轴开发理论 …………………………………… 21
　三、增长的极化效应理论 ………………………………………… 23
　四、大都市圈理论 ………………………………………………… 25

第三章　粤港澳区域融合的现状概述 ………………………… 27
　一、政府层面：动力充足但对社会资源的调动性不足 ……… 27
　二、市场层面：一体化水平有提升但要素流动还存在
　　　限制 …………………………………………………………… 31
　三、市场主体协同发展：合作较多但需要探索新合作
　　　模式 …………………………………………………………… 34
　四、社会组织交流：社会组织合作较少、路径有待
　　　开辟 …………………………………………………………… 39
　五、民间交流：交流频繁无障碍但交流目的差异较大 …… 41

第四章 湾区战略下粤港澳区域融合的重点及前景分析 …… 45
  一、广深港：粤港澳区域融合的核心区域 …………… 45
  二、湾区西部：粤港澳区域合作的重点区域 ………… 51
  三、湾区东部：依托广深港向外拓展的潜在腹地 …… 60

第五章 广东自贸区促进粤港澳区域融合的制度性探索 …… 66
  一、贸易便利化与跨境贸易合作 …………………… 66
  二、投资便利化与跨境联营试点 …………………… 71
  三、金融市场化与跨境金融合作 …………………… 76
  四、科技创新与创业跨境合作 ……………………… 79
  五、人员往来便利化与人才安居 …………………… 87

第六章 湾区战略下广东自贸区促进粤港澳区域融合的可行路径 …………………………………………… 94
  一、规划层面：以自贸区为支点、发挥点轴带动性和辐射外溢作用 …………………………………… 94
  二、推广层面：发挥制度创新的复制推广功能 …… 97
  三、深化层面：发挥市场主体的创新合作能动性 … 101
  四、平台保障层面：依托自贸区探索粤港澳深度合作区建设 ……………………………………………… 104
  五、宣传层面：突出重点、发挥旗帜导向作用 …… 106

参考文献 ……………………………………………………… 109

第一章 粤港澳区域融合的时代背景

一、港澳回归 20 周年的发展积淀

（一）从香港方面看粤港澳区域融合

"一国两制"方针的正确性是有目共睹的，尤其在香港回归 20 周年之际，再去审视，可以更加鲜明地看到该方针政策的前瞻性。在这 20 年间，香港在"一国两制"方针的指引下，在党中央的支持下，顺利地走过亚洲金融危机和美国次贷危机，在经济、社会、文化和教育方面得到了更加多元和全方位的发展。粤港澳大湾区是香港依托内地走向世界舞台中央的历史机遇：其一，粤港澳大湾区区域融合发展，能够进一步确保香港的国际金融中心的地位，确保其对外处于相对优势的状态；其二，更好地扮演中西方联系的桥梁、窗口，更进一步成为融入中华民族伟大复兴的一分子，引领和推动粤港澳大湾区国际一流湾区和世界级城市群的新发展。

事实上，从改革开放开始，港资挟带着资金、技术、人才在我国内地实现了全面的开花结果，既为香港和内地的合作模式建立了一定的默契和奠定了良好的基础，也为我国改革开放做出了贡献。目前，香港面对内地经济的全面崛起需要重新思考自身的角色定位，不仅是因为内地与香港的经济发展彼此发生质和量的变化，包括国民经济、产业发展、科技创新等，更重要的是内地向西方世界的开放政策正逐步动摇香港作为唯一窗口的地位，内地已经搭建了更广泛的渠道，全方位引进西方

高端技术和资金，香港的桥梁作用需要通过新模式重塑。近年来，香港遭遇了亚洲金融风暴、"非典"疫情、全球"金融海啸"等重创。在香港特别行政区政府（以下简称"香港特区政府"）以"经济优先"的行政理念下，香港社会内部地少人稠的矛盾进一步显现，香港亟须开拓产业发展的新腹地。

回顾香港近代发展历程，20世纪70年代，中国香港地区、新加坡、韩国和中国台湾地区利用发达国家和地区向外转移劳动力密集制造业的历史机遇，利用廉价、高素质劳动力的优势，吸引了大量境外资金和技术，促进了经贸的发展，使自身迅速地融入全球化进程。一时间，加工出口贸易带动它们的经济快速成长，使它们快速挤进了发达国家和地区的行列，成为"亚洲四小龙"。1980年，香港制造业占当地生产总值的22.8%，制造业从业人口超过100万人，约占当时香港人口的40%，制造业成为香港经济发展的重要支柱，加工贸易所产生的大量原料、物料、零组件、半成品和成品带来丰厚的进出口和转口贸易，使得香港的港口价值得以不断提升，从1970年全球排名第31位，到1975年全球排名第4位，再到1980年全球排名第3位。香港的发展是其国际化和积极融入全球化成就的体现。1978年，我国进入改革开放新时期，内地的劳动力价格更加低廉，土地资源成本也更低，一系列招商引资优惠政策吸引了第一批港商进入内地，引起一波投资内地的热潮；与此同时，香港特区政府为了规避全球经济风暴的不良影响，出台了更加严格的土地资源管控政策，使得香港制造业发展受阻。面临这样的情况，很多香港企业家开始积极投资内地，将生产线转设到内地。香港制造业迁往内地但结算依然留在香港，促使香港经济平稳有序地发展，香港的窗口功能有了早期的雏形，这种模式也被研究者们称为"前店后厂"。

从数据上可以明显看出香港制造业转移引致的区域融合效应：从1980年到2016年，香港制造业从业人数从90多万人到低于10万人。2016年制造业从业人员占总就业人口的3.11%，香港本地经济则转向服务业发展，如今制造业仅占香港GDP的1.4%。而自2004年以来，香港第三产业的比重一直保持在90%以上，贸易及物流、金融、专业服务和旅游四大支柱产业增加值占GDP总量的比例高达60%，香港制造业逐步完成了向珠三角迁移的进程，而香港自身也建立起更加完善的生产性服务业发展构架。可以说，内地的改革开放，一方面吸引了大量港资，另一方面加速了内地与香港的深度合作发展。最初"前店后厂"模式取得了良好的功效，内地尤其是沿海城市成为港资及其他海外投资的制造业基地，以毗邻香港的深圳为例，1986年到1996年10年间接受港资达69.9亿美元，占实际利用外资总量的63.9%。① 详见表1-1。改革开放以来，深圳的成功利益归功于香港和深圳经贸紧密融合，一方面，深圳政府积极地争取港资；另一方面，香港特区政府的"积极不干预"政策，促进了两个城市间的互融互助。

表1-1　1986—1996年深圳利用外资中港资占比情况

(单位：亿美元)

年　份	实际利用外资	港　资	港资比重
1986	4.9	3.9	79.6%
1987	4.1	2.6	63.4%
1988	4.4	2.8	63.6%
1989	4.6	2.9	63.0%
1990	5.2	2.6	50.0%
1991	5.8	3.2	55.2%
1992	7.2	4.6	63.9%
1993	14.3	9.2	64.3%
1994	17.3	12.6	72.8%
1995	17.4	10.5	60.3%
1996	24.2	15	62.0%
总　　计	109.4	69.9	63.9%

资料来源：据深圳市统计局网站析出数据整理。

---

① 罗小龙，沈建法. 从"前店后厂"到港深都会：三十年港深关系之演变 [J]. 经济地理，2010 (5).

1997年香港回归祖国，内地各级政府以极大的诚意展示出深化香港与内地合作的意愿，包括合作安排、投资保障协议、人员交流等方面，以加强内地与香港之间全方位的深度合作。2003年，在中央的支持下，香港成功地走出了亚洲金融风暴及"非典"疫情的重创和阴霾，开始主动积极地参与内地合作和融合进程，中央政府也积极出台了一系列扶持港澳发展和促进区域融合的政策，鼓励内部游客到香港旅游，为香港经济的持续发展创造了良好的契机。其间，粤港两方积极颁布了《内地与香港关于建立更紧密经贸关系的安排》（Closer Partnership Arrangement，CEPA）、QDII，也成为中央力挺香港建设国际金融中心的重要措施之一，以 CEPA 为例，截至 2017 年 5 月 31 日，内地累计进口受惠 CEPA 货物达 750.4 亿元人民币，越来越多的香港公司通过 CEPA 的指引进入内地投资，内地企业也同样受惠，进一步通过粤港合作，成功走向世界舞台，实现了"走出去"。

香港特区政府开始主动寻求与内地的合作，2004 年 6 月签订了《关于加强深港合作的备忘录》，2015 年 9 月签订了《粤港合作框架协议全文》，2017 年 8 月签订了《关于进一步深化内地与香港旅游合作协议》等，标志着内地与香港深度合作和全面融合进入新的历史时期。从这一阶段起，从香港看粤港澳区域合作，已经不再局限于过去经济上的"前店后厂"模式，而是转向从法律、文化、经贸、旅游等多领域和多层次的新融合模式。

香港回归祖国以来，在中央和香港特区政府的通力协作和全面支持下，香港地区并没有被亚洲金融风暴和美国次贷危机击垮，反而走向了繁荣稳定的发展道路。回顾香港回归祖国过去 20 年，香港走出经济困境，一方面，依靠香港本身独特的优势；另一方面，仰赖"一国两制"的制度安排。既不失去原本市场经济的活力，又有强大的主权力量做后盾，面向内地经济快速发展和与内地签署的合作协定，助推香港地区既得地利又得政策便利，在中国经济逐渐成为世界第二大经济体的同时，香港地区作为"超级联络人"的地位越来越重要。在过去 30 多年的时间里，中国香港地区作为国家走向世界的窗口和桥梁，做出了巨大贡献，同时也借此缔造了它今天的繁荣。香港地区应该通过大湾区融合释放自身的巨大潜力，充分发挥自身的优势，进一步塑造中国香港地区全球国际金融中心、国际航运中心的地位。目前，中国香港地区将发展创新科技和"再工业化"列为下一阶段的转型方向。中国香港地区具有国际顶尖的教育环境和基础，香港特区政府与在港企业正通过资助大学、科研机构推动科研成果转化、引进投资，并积极地与内地高校、科研机构签署合作备忘录。2015年12月，在香港地区科技园企业与内地科创企业进行深度交流和沟通之后，进一步确立了合作伙伴关系，并签署了合作协议，这些科创企业主要集中在京、津、沪、深等地区，内地与香港科技创新合作得到了更深入的发展。中国香港地区"再工业化"中涉及的香港地区优势产业，包括生物科技、大数据、物联网、人工智能、智慧城市等，也极其需要内地的腹地支持和政策扶持[①]。

中国香港地区的繁荣发展与内地发展之间存在无法隔断的联系，虽然国家在现代化过程中经历了不同的阶段，但是香港地区一直扮演着我国连接世界的枢纽角色，这得益于香港地区得天独厚的地理优势，在与世界各个国家和地区实现连接的时候，毫无疑问会不断地发展壮大起来，继而成为亚洲国际金融中心、商业服务枢纽、物流中心和旅游中心，再加上新技术、新知识的不断融合，使得其在增值服务方面有了长足的发展。未来香港地区的经济发展，重点依然在与内地的深化合作。

在粤港澳大湾区城市群协同发展和国家"一带一路"倡议的指引下，香港更要加强与内地的紧密合作，对接国家"一带一路"倡议，充分利用香港的经济资源、经济优势服务于国家发展倡议，从而为香港地区未来几十年的社会和经济发展添加动

---

① 齐鹏飞. "澳门故事"有机融入"中国梦"——刍议澳门回归15年的发展历程及其基本经验[J]. 港澳研究，2015 (1).

力。香港地区需要把握这一发展主线和重要历史机遇期,实现自身全方位的发展。

(二) 从澳门方面看粤港澳区域融合

澳门回归祖国之后,澳门特别行政区政府(以下简称"澳门特区政府")始终将发展经济作为重点,在"一国两制"方针的基础上,积极探索自身区位优势,以深化澳门地区与内地合作为契机,不断引导区域融合和区域经济朝着更加多元的方向发展。澳门地区的产业结构有着自身的独特性:第一,产业产值不高,相对其他产业,澳门地区的农业和渔业地位也处于相对边缘的状态;第二,产业影响力不是很大,产业格局处于薄弱状态,以纺织业为主导,第三,产业地位很高,以旅游业和博彩业为主导,即使在 2008 年全球经济金融风暴的背景下,博彩业税收依然高达 140 亿澳门元,相比上一年增长了 31%。[①]

对于当前的中国澳门地区而言,其经济的支柱产业可以归结为:出口加工业、金融行业、建筑房地产行业、博彩旅游行业四大产业。这四大产业的发展都需要内地高速发展作为支撑。近年来,澳门地区博彩业下行带来了澳门地区经济的整体不景气,澳门地区开始了产业多元化的改革历程。澳门地区产业多元化需要腹地和市场支持,就更加需要与内地紧密合作。澳门地区经济资源不足,实际经济基础也不是很坚实,产业结构相对单一化,以博彩旅游行业为主导,1993 年之后澳门地区经济发展速度开始减慢,1996—1999 年出现了 4 年的负增长。进入 21 世纪之后,澳门特区政府的施政报告开始关注经济发展政策的调整,以循序渐进、固本培元、稳健发展为基本原则,不断采取措施实现产业结构的不断调整,驱动经济结构朝着多元化的方向发展,脚踏实地地去推动特区经济发展,取得了很多可喜的成就[②]。目前与珠

---

① 孙钦军. 澳门的回归与粤港澳经济一体化 [J]. 改革与开放, 2000 (1).
② 关红玲. 区域经济一体化中粤港服务业合作的现状与障碍 [J]. 当代港澳研究, 2010 (1).

海横琴的一体化发展，"世界旅游休闲中心"和"国际化的区域性经济贸易服务平台"成为澳门地区的新发展动能。在澳门回归祖国的这18年间，澳门逐渐明确了自身的发展定位，澳门特区政府高度重视利用自身作为桥梁和枢纽的区位优势，积极参与全球化的国际竞争。

澳门特区政府与内地区域经济之间的关联集中体现在：高度重视与珠江三角洲（以下简称"珠三角"）之间的经济合作，依照《内地与澳门关于建立更紧密经贸关系的安排》（CEPA）等文件，在各领域尝试更深入全面的区域经济合作，使得澳门地区与内地的经济联系得到进一步的强化。从"粤澳合作联络小组"至"粤澳高层联席会议"，澳门地区与广东省之间的区域经济合作进入全新的阶段，合作的流程更加规范，各种障碍被不断排除，实际的经济联系进入更加深的层次。在此过程中，值得注意的是，澳门特区与珠海市的区域经济合作取得了一系列的标志性成果，无论是"澳珠跨境工业区"建设，还是联合开发横琴岛的计划，都是在这样合作共赢的格局中得以推进。2008年下半年，按照《珠三角改革发展规划纲要（2008—2020年）》的要求，澳门特区积极采取多方面的措施，促进了澳门特区与珠三角地区的紧密联系。2011年3月，广东省政府与澳门特区政府签署的《粤澳合作框架协议》，对于地区合作的价值、合作的基本原则、合作的目标进行了界定，由此为实现区域经济互补奠定了夯实的平台基础。

从2004年到2013年，CEPA补充协议在不断完善，而粤澳两个地区之间的经济联系也开始朝着更加规范化的方向发展，经济交流也呈现出欣欣向荣的发展态势。在国家"一带一路"倡议的背景下，澳门特区成为内地与葡语系国家合作的重要窗口和新平台。这使得澳门特区与内地的紧密合作关联度更大，对于葡语国家而言，澳门特区凭借与这些国家之间的政治、经济和文化的联系，发挥澳门特区在国际通道中的作用，继而实现各个方面和各领域之间的全面深度合作。

澳门特区政府在关注经济发展问题的同时,也注重新型政治关系的营造,希望可以处理好一国和两制之间的关系,处理好中央全面管制权与澳门特区高度自治权之间的关系,处理好主体的社会主义与区域的资本主义之间的关系,等等。由此实现行政组织架构的调整,在立法机关、司法机关、市民关系的维度上积极尝试和探索[①]。这必将成为新时期澳门特区融入内地的重要基础。

民生方面,澳门特区政府统筹兼顾,站在长远利益的角度,对于当前社会中存在的很多问题都做了重点规划,无论是就业养老问题,还是医疗教育问题,抑或是房屋问题,再或者是社会保障社会援助社会福利问题,澳门特区政府都试图通过粤澳合作的方式,共同推进。这有利于解决澳门自身发展的问题,也能够促进粤澳深度合作和粤澳区域融合。澳门特区政府希望可以采取各方面措施使得特区民众可以共享与内地合作的经济发展成果,其间,澳门特区政府还积极与民众实现沟通,了解其诉求,站在制度建设和资源投放的维度,处理短期计划与长期计划之间的关系,保证民生福利工程朝着更加稳健的方向发展。粤澳深度合作和粤澳区域融合的良好发展态势已经形成。历史因素使得澳门产业结构处于失衡的状态,其实际的发展空间也受到诸多不确定性因素的影响,相比香港经济的优势,澳门更加清晰地认识到自身的发展定位,以及与内地深度合作的必然性。澳门正在力争以粤港澳大湾区城市群一体化发展和粤港澳区域融合为基调,实现澳门地区产业结构优化,寻找新的经济增长点和发展动能,争取在国家"一带一路"倡议和亚太经济格局中发挥更大的窗口作用。

总体而言,回顾历史可以看出,粤港澳的成功合作,是因为它们能够看到彼此制度上存在的合作互补潜力,并将其融入实际合作项目中去。20世纪七八十年代,粤港两地区主要发挥了在土地资源、资本资源和劳动力资源等领域的互补作用,充分利用

---

① 林宙. 从区域经济一体化看澳门的产业发展对策 [J]. 特区经济, 2009 (10).

改革开放的契机，使珠三角地区成为粤港地区合作的焦点，继而给粤港地区的社会经济发展带来了诸多益处。港澳地区将制造业外移到珠三角地区，将其作为生产基地，利用港澳地区开放式的对外贸易窗口优势，承接海外订单，转而进行销售，充当了"店"的角色；珠三角地区则凭借低廉的劳动力和土地价格，对产品进行加工、制造，扮演了"厂"的角色。20世纪90年代，粤港澳地区开始将合作延伸到服务业，粤港澳地区这种独特的地域分工合作模式在进一步的发展过程中不断演变，这种互利共赢的局面自中国入市和CEPA的签署后被随之打破。随着CEPA的签署，"一国两制"下的港澳地区与内地的经贸合作在制度和功能上也进行了调整，重新定位粤港澳地区的经济合作模式，通过大湾区建设提升粤港澳地区经济的内联外拓效能，有利于粤港澳地区社会经济可持续发展，是经济发展的自然选择和历史观层面的必然结果。目前，粤港地区合作进入新的阶段，港澳地区有必要也有意愿充分发挥"一国两制"下港澳地区的国际化优势，进一步发挥港澳地区的桥梁功能，发挥香港和澳门作为内地与世界"超级联系人"的作用，借助广东省在内地多项政策措施先行先试的"试验田"优势，实现粤港澳更有突破性的制度优势互补，共同推进粤港澳大湾区城市群建设和粤港澳区域融合。

二、广东自贸区改革试验的制度性引领

2015年，国务院批准印发了《中国（广东）自由贸易试验区总体方案》（以下简称《方案》），《方案》中明确提出了广东自贸区是在新形势下推进改革开放和促进内地与港澳深度合作的重要举措。在构建开放型经济新体制、探索粤港澳经济合作新模式、建设法治化营商环境等方面，率先挖掘改革潜力，破解改革难题。要积极探索外商投资准入前国民待遇加负面清单管理模式，深化行政管理体制改革，提高行政管理效能，提升事中事后监管能力和水平。广东自贸区的成立无疑将对整个珠三角产生辐

射带动作用，进一步引领珠三角的产业转型与产业升级，提高其在全国的竞争力。广东自贸区位于珠三角，临近港澳，地理位置优越，为转口贸易创造契机。与保税区不同，自贸区有着更加大的优势，它是对保税区的进一步发展与创新，在自贸区中放开了对保税区的一些限制，从而进一步创新现有的贸易制度。自贸区实行的是境内关外的监管模式，这表明自贸区的发展逐渐与国际通用模式接轨，它的成立有利于适应国际日益变化的经济贸易新形势。

广东自贸区主要覆盖的区域有3个：其一，广州南沙新区片区；其二，深圳前海蛇口片区；其三，珠海横琴新区片区。广东的三大城市掌管着这三大片区，组成了一个黄金三角。从3个片区的分布来看，都具有毗邻港澳或邻近港澳设立的区位特征，因而在贸易、投资、金融等领域的开放都更加倾向于对接港澳，加强粤港澳之间的协调合作。广东自贸区三大片区都具备口岸功能，且制造业和服务业较为发达，可以作为驱动制造业发展和对外贸易发展的重要力量。广东自贸区在2015年正式进入运营阶段，广东自贸区的发展策略为与粤港澳的紧密联系，与全球经济接轨，将粤港澳服务贸易自由化作为发展的重点。具体来看，这三大片区的发展重点不同，广州南沙新区片区以生产性服务业、航运物流、特色金融和高端制造业等作为发展重点，务必将广州南沙新区发展为一个在国际上有地位的、高端生产性服务业要素的高地；深圳前海蛇口地区则以发展高端服务业为主，如发展科技服务、信息服务、现代金融等，把深圳前海蛇口地区打造成我国金融经济对外开放发展的试验示范窗口、世界服务贸易基地和国际枢纽；珠海横琴新区片区则把珠海发展为文化教育开放的先导区和国际商务服务休闲旅游的发展基地，无论是发展旅游休闲健康产业，还是发展文化科教产业，或是发展高新技术产业，都是很好的选择。这三大片区的发展依托港澳，发挥港澳特点和优势，促进粤港澳人流、物流、资金流和信息流的高效流动，实现经济发展和同步的区域融合。

广东毗邻香港、澳门，深圳前海蛇口与香港连接，而珠海横琴新区则与澳门相连。改革开放之后，广东自贸区能够充分发挥毗邻港澳的地缘优势和人缘优势。广东自贸区通过一系列的制度创新和粤港澳市场要素跨境便利流动的政策探索，促进了广东与港澳的深度融合。CEPA及广东自贸区对粤港澳合作带来双重利好的环境，广东通过CEPA对香港开放的服务业部门已经超过150个，在会计、法律、交通、旅游等领域深化制度改革，在自贸区以备案管理的方式对符合条件的港澳投资公司的运营行为实现负面清单管理，并且依照国民待遇措施和非禁即入原则，为方便香港服务提供者前来投资创业、推进粤港澳服务贸易自由化提出了一系列解决方案。

粤港澳深度合作和粤港澳区域融合是广东自贸区不断发展的前提和基础，再依靠不断地深化体制机制改革，大幅压缩审批事项，实现粤港澳跨境投融资便利化，吸引了大量港澳资企业及资本进入。对于外商投资，执行的是"准入前国民待遇加负面清单"管理模式，超过九成的外商投资项目都被纳入备案管理的范畴；试行"一颗印章管审批"，将企业注册与公安、税务、发改委、人社局、食药监、海关、检验检疫等部门的相关证照实行"一门式"审批，在全国率先实现1个工作日内"十三证三章"联办；实行国、地税联合办税，率先建成"一企一网"，企业办理商事登记时间从11个工作日缩短为1个工作日，70%以上行政事项到现场跑动次数1次以下，60%以上行政事项网上办结。

广东自贸区前海蛇口片区推出71项制度创新成果。广东自贸区珠海横琴片区实际落地200项创新措施，其中"政府智能化监管服务新模式"还被评为全国自贸试验区最佳实践案例。2013年，南沙成立了全国首个口岸"市场采购出口商品检管区"，通过"货物检验检疫流程时长监控信息化管理系统"，区内港口出入境货物放行速度大大优化，平均通检时间在105秒以内。探索实施一揽子海关监管创新制度，建立了"互联网+"智能通关的贸易便利化模式，上线运行国际贸易"单一窗口"

2.0版，实行"一个平台、一次递交、一个标准"，启动了"信息互换、监管互认、执法互助"机制。构建了"广东智慧海事监管服务平台"，南沙片区实施海关登记备案"一照一码"改革，实现企业报关零耗时、零跑动、零成本，大幅压缩了通关时间。

广东自贸区前海蛇口片区推进深港陆路跨境快速通关，采用先入区后报关模式以及叠加"安全智能锁"和"智能化卡口"措施，企业进境入区通关时间节省3~4个小时。珠海横琴片区针对口岸查验问题进行体制创新，实现与口岸综合部门之间的联合，在旅检现场区域中设定对应的作业模式——"一机一台、合作查验、分别处置"，由此使得游客通关的便捷性得到提升，实际通关也进入无纸化状态。广东自贸区横琴新区片区还积极出台了《横琴新区鼓励和促进企业上市专项扶持办法》，以区域内企业在境外资本市场挂牌发行上市的行为实现管理和控制的规范，由此对于类似交易行为实现了监督和管理，无论是境内证券交易所，还是境外证券交易所，或是全国中小企业股份转让系统，或是区管委会的股权类交易，都被纳入其中。作为与澳门对接的重要片区，《横琴新区鼓励和促进企业上市专项扶持办法》提出为自贸区内的境内外企业提供所得税优惠政策，申报的流程更加便捷，纳税的服务更加人性化，港澳企业甚至可以享受对应税率征收优惠。此外，《横琴新区鼓励和促进企业上市专项扶持办法》还针对横琴片区粤港澳对接的实际情况，提出"港人港税、澳人澳税"和特殊人才奖励政策，以此吸引港澳企业和优秀人才来粤发展创业。

广东自贸区依托其与香港毗邻的区位优势，与香港金融市场的往来紧密，广东自贸区的人民币贷款与境外投资主要来源于香港。根据《广东南沙、横琴新区跨境人民币贷款业务试点管理暂行办法》，中外资企业、重点项目投资建设的广东省内企业可从港澳地区银行融入人民币资金，进行南沙、横琴自贸区的实际经营和投资。该政策对跨境融资成本的下降有显著作用，利用跨境融资的境内外资金利率之差，使广东自贸区内企业从香港等离岸市场引入资金具有优势。广东自贸区在实现粤港澳充分合作方面，还积极探索全新的模式，本着开放融合，合理布局的创新思维，积极引导着粤港澳地区的区域合作朝着纵深方向发展。在历经多年的努力之后，现阶段的粤港澳大湾区作为重要的区域发展，其经济活跃程度还在不断提升，实际影响力也在不断增强。区位上具备海港和空港联动优势，这对于促进粤港澳地区经济发展和一体化发展、强化各地资源的有效配置、实现市场纵深协作而言，意义重大。尤其在当前国家"一带一路"倡议背景下，这种区位互补的优势将会大放异彩，粤港澳区域融合的新态势符合湾区城市群各方利益。

三、粤港澳大湾区协同发展的历史机遇

国务院总理李克强同志在2017年《政府工作报告》中对于港澳经济发展问题进行了论述，认为内地与港澳之间联系需要不断强化，需要尽快研究制定粤港澳大湾区城市群发展规划，发挥各自的潜能优势，使得对外开放的成果更加丰硕。通过粤港澳大湾区建设，支持香港、澳门进一步融入国家发展大局，促进香港、澳门更好地发展。广东尤其是珠三角地区的发展要造福港澳同胞，提高珠三角地区的经济竞争能力和公共服务水平[①]。

粤港澳大湾区包括广东省的广州、深圳、佛山、东莞、珠海、中山、惠州、肇庆、江门9个城市，加上香港、澳门两个特别行政区在内，面积约56000平方千米，人口6800多万，发展前景依旧可观。其中，香港、广州和深圳的GDP总量分别是2.23万亿元、1.96万亿元和1.94万亿元，为粤港澳大湾区的三大支柱城市。2016年，粤港澳大湾区经济总量近10万亿元人民币，约相当于14000亿美元，这样的数据完全可以与东京湾大湾

---

① 张日新，谷卓桐. 粤港澳大湾区的来龙去脉与下一步[J]. 改革，2017 (5).

区、旧金山大湾区、纽约大湾区相媲美。世界银行数据表明，国际湾区经济占据全球大约60%的经济总额。粤港澳大湾区经济规模宏大，已能与发达国家三大世界级湾区相提并论。粤港澳大湾区以不足全国1%的土地面积，贡献了全国11.8%的经济份额，且未来发展潜力依然巨大。纵观世界经济格局，湾区经济形态已经成为全球经济重要增长极与技术变革的领头羊。粤港澳大湾区"一个国家、两种制度、3个关税区、4个核心城市"的格局是其显著优势，同时也是其最大的难点，如何实现"深度融合"是粤港澳大湾区面临的最大挑战[①]。

建设粤港澳大湾区的意义主要体现为：第一，高标准优化建设粤港澳大湾区，建设国际航运物流中心枢纽，对于贯彻执行"一带一路"倡议是有利的，是实现亚太自贸区建立的重要节点，是增强我国经济合作影响力的必要之举；第二，实现粤港澳大湾区的融合发展，建设世界级的粤港澳大都市圈，有利于充分发挥"一国两制"的优越性，提升粤港澳合作的广度和深度，保持香港和澳门的长期繁荣稳定；第三，打造包容开放的粤港澳大湾区，建设高端生产性服务中心，有利于深化我国开放型经济体系的建设，集成新资源、培育新优势、打造新高地，加速推进供给侧改革；第四，建设辐射内地的粤港澳大湾区，探索区域联动发展机制，有利于充分发挥粤港澳大湾区的示范效应和溢出效应，带动珠江—西江经济带的均衡发展，提升整体的国际竞争力。

粤港澳大湾区是3个不同的"关税区"，面临资源整合问题，尤其是人流、物流、资金流顺畅问题，市场主体跨境合作也要面对不同于国内、省内的地区间的一体化合作形势。粤港澳大湾区在历史、文化、政治制度、经济发展、法制体系等方面存在诸多差异，使得跨境合作的进程十分艰难。粤港澳的两种不同制

---

① 黄晓慧，邹开敏."一带一路"倡议背景下的粤港澳大湾区文商旅融合发展[J].华南师范大学学报（社会科学版），2016（4）.

度各有优势,内地在政策实行上有优势,而市场经济成熟的香港、澳门则在营商规则、法制化方面有优势。建设粤港澳大湾区,应着力发挥各自的优势,克服各自的短板,实现人流、物流和资金流的顺畅。《内地与香港关于建立更紧密经贸关系的安排》(CEPA)从制度层面厘清了粤港澳大湾区从商品贸易到服务贸易中的资源整合问题,以经济合作的形式实现区域融合和区域的一体化发展一直是粤港澳合作的重点①。

大湾区未来的发展方向应该是珠三角国际化,粤港澳地区的融合发展是其内在需要。粤港澳大湾区11个城市实际上分为两部分,一部分是已与世界经济和全球化连为一体的名副其实的国际化城市,且是作为单独关税区和自由港的香港和澳门;另一部分是经济上与世界紧密联系,但并未完全实现国际化的珠三角九市。随着改革开放和市场经济的发展,珠三角这9个城市已经成为国际跨国公司的主要投资区域、中国最大的进出口基地和"世界制造工厂",在社会、文化等方面与全球的联系也日益加强。粤港澳大湾区城市群紧邻国际航道,沿海的港口及城市都是作为古代海上丝绸之路的重要驿站,现阶段是我国大南海战略部署实施、21世纪海上丝绸之路格局得以打造的关键时期,在此过程中,粤港澳之间的协作将会发挥重要的作用,无论是南海油气勘探基地项目,还是国家石油战略储备基地项目,抑或是远洋渔业项目,或是综合补给服务项目,都需要发挥此区域的一体化发展效能。

粤港澳大湾区是产业合作、资源配置、科技合作、集聚、外向和开放的大型区域合作体系,其体量接近东京湾区。粤港澳大湾区城市群建设的主要内容之一就是产业合作,利用香港和澳门在金融、科技创新、旅游及人才等方面的高端优质资源,与广州、东莞、珠海、中山等珠三角地区之间的合作;利用深莞惠的产业优势,在金融、物流贸易、科技创新和旅游等产业深化合

---

① 邓志新. 粤港澳大湾区:珠三角发展的新引擎[J]. 广东经济,2017(5).

作。粤港合作很多年以来成果并不如预期，主要原因在于粤港合作的突破点不够明确，区域一体化进程中香港与内地不在一个话语体系内，内地产业自成体系，转移合作的重点不清晰。因此，粤港澳大湾区的建设亦需围绕经贸、科教、金融、旅游和区域重大基础设施建设等方面寻找合作着力点和突破口，才能推动大湾区内各城市的合作取得实际成效。香港通过强化枢纽功能，加强区域互联互通，方能驱动粤港澳大湾区的发展和进步[①]。

港澳自身的独特优势，需要在大湾区城市群协同发展的形势下发挥效能，使得其成为投资融资枢纽、贸易旅游枢纽、交通物流枢纽、专业服务枢纽、开放合作枢纽、文化人文枢纽六大战略枢纽中的重要节点。基于粤港澳在营商环境、高端智库和金融聚集三个方面的突出优势，它们可以联合打造具有引导、善后和退场机制的企业创业"试验田"，促进国际人才合作的人才培育"试验田"和推进资本市场互联互通的金融改革"试验田"[②]。粤港澳大湾区应高度关注沿海基础设施建设工作的开展，从航道建设、路网建设、供水建设、供电建设等维度入手，积极构建通往港口城市的公路、铁路，使得整个交通形成完善的框架体系；并不断实现路网、官网、口岸、供电、供水和信息等元素的融合，使得其城市群内部产业发展之间相互配套，以便切实地实现粤港澳产业发展环境的改善，为展开工业布局创造更好的环境和条件。未来香港应充分利用珠三角区域一体化发展的良好条件融入区域当中，共同承担国家赋予的新角色。通过加强与珠三角及内地的互联互通、积极参与广深科技创新走廊的发展建设，发挥香港服务区域的"双通道"和"超级联系人"的作用，助推粤港澳大湾区建设，共同建设一个区域一体、特色鲜明的国际一流湾区和世界级城市群。

---

① 林初昇. "粤港澳大湾区"城市群发展规划之可为与不可为［J］. 热带地理，2017（6）.
② 龙建辉. 粤港澳大湾区打造全球物流枢纽的战略思考——新起点、新挑战、新任务与新举措［J］. 广东经济，2017（12）.

四、国家"一带一路"与"走出去"的支点需要

从战略地位来看,推动粤港澳合作与融合已经是国家战略,成为"十三五"规划的一个重要内容,也成为推进国家"一带一路"倡议的重要构成部分。粤港澳大湾区建设在国家的相关文件上有几个表述,一个是21世纪海上丝绸之路的战略要冲,一个是通往东南亚、南亚、中东、欧洲"一带一路"沿线国家的必经之地,还有一个是国家南海的战略支点[①]。粤港澳地区携手共建大湾区,合力打造国际一流湾区和世界级城市群,是国家特定发展条件下的时代任务,承载着国家多重战略功能。它既是粤港澳区域经济社会发展的内在需要,也是国家区域发展战略的重要构成和动力引擎;同时,对于开放型经济体制创新探索具有借鉴意义。粤港澳区域融合与当前国家"一带一路"之间是吻合的,与我国"走出去"战略和"引进来"的平台建设机制是同步的;此外,还是成功实践"一国两制"、构建港澳经济长远发展动力、提升港澳民众对国家的认同感和向心力、实现港澳长期繁荣稳定的重要举措。

粤港澳大湾区不仅与世界一流湾区在营商环境上存在较大的外部差距,粤港澳大湾区各城市之间也存在较大的营商环境差距。粤港澳大湾区城市群的特点不仅在于其面向海洋、承载更多对外开放功能,更重要的意义是打破了原有行政区划上的"两制"界限,是以制度创新为主线、以市场为导向促进区域融合,打造粤港澳合作升级版,这是立足新的时代背景和国家发展战略需求对区域战略版图进行的整体规划与优化完善。此外,打造粤港澳大湾区世界级城市群的另一层战略价值,是要发挥好先发区域在国家区域发展战略的核心功能和引领作用,提升大湾区在泛

---

① 刘卫东."一带一路"倡议的科学内涵与科学问题[J].地理科学进展,2015(5).

珠三角地区发展中的辐射带动能力，并向中南、西南、东南延伸，形成辐射东南亚、南亚的重要经济支撑带，进而提升本地经济对外部市场、资源的掌控能力，为国家培育发展新动能提供经验借鉴并完善"一带一路"目标[①]。

"一带一路"沿线国家和地区在政治、经济、法律，乃至宗教、文化等方面存在较大的差异，这些差异之处可能会导致商业发展及投资过程中的不确定因素，引发大量的商业纠纷及法律问题，因此，需要粤港澳地区在全面准确贯彻"一国两制"的基础上，正确认识粤港澳大湾区城市群的法律特点和法律冲突，并行推进粤港澳经济合作和法律合作，以构建和完善有利于粤港澳地区人员、资本、货物、信息自由流通的制度环境。粤港澳大湾区城市群建设中，各自有着不同的制度优势。一方面，依照港澳基本法的相关条文，尊重原有资本主义制度和相关生活模式，只要与基本法不存在冲突，可以将其法律制度保留下来，享有比内地省市更大的高度自治权；另一方面，港澳基本法授予香港特区和澳门特区一定的参与国际组织、缔结国际条约的权力，充分保障了港澳特区在一个国家之下享有的两制优势[②]。

以香港为例，香港是国际著名的自由港，是中国联系欧美市场、东南亚的重要枢纽，这是香港国际金融中心地位得以稳固的重要保障，《中华人民共和国香港特别行政区基本法》从多个方面给予香港特区在国际金融方面的制度便利和制度优势。香港地理位置优越，是与世界各个国家和地区实现沟通的重要枢纽，再加上与内地之间相互依靠，因此可以成为我国走出去的重要跳板，香港能够在未来的发展中持续依托这样的优势，取得更好的发展、进步。香港是连接海陆、沟通中外的重要节点[③]。香港还

---

① 邹嘉龄，刘春腊，尹国庆，唐志鹏．中国与"一带一路"沿线国家贸易格局及其经济贡献［J］．地理科学进展，2015（5）．

② 杜德斌，马亚华．"一带一路"：中华民族复兴的地缘大倡议［J］．地理研究，2015（6）．

③ 何茂春，张冀兵，张雅芃，田斌．"一带一路"建设面临的障碍与对策［J］．新疆师范大学学报（哲学社会科学版），2015（3）．

是重要的国际商港，航运业发达，拥有全球最繁忙的港口和货运机场，客货运量都位居全球前列，是国家开放格局中的重要门户，能够以自由港的优势成为连接"一带一路"沿线国家和地区的重要枢纽和全球中高端资源配置中心。从澳门的地位来说，它和香港有一个错位，它和葡语、拉丁语国家有很密切的社会文化等各方面的往来，所以，中央对澳门的定位一个是世界旅游休闲中心，另一个更加重要的定位是中国和葡语国家商贸合作的服务平台。从对外联系来说，港澳地区刚好处于21世纪海上丝绸之路的中国走向世界的一个枢纽点。

　　粤港澳大湾区的发展离不开港澳，港澳要承载国家战略和历史使命也离不开内地。全球经济一体化是必然的发展趋势，湾区经济和湾区融合也是大势所趋，我国经济在不断融入市场经济体系的过程中，与国际社会之间的关联也会不断增强。在快速融入全球化的同时，我国积极参与和推动全球治理体系变革进程，"一带一路"成为我们向世界提出的最重要的合作设想，也是迄今受到最广泛欢迎的国际公共产品。粤港澳大湾区应凭借其特殊的历史文化、区位优势，以及科技创新、金融服务、航贸物流及创业孵化中心等功能，响应"一带一路"政策号召，成为21世纪海上丝绸之路的重要领航者，以深度融合促发展，发挥自身在此领域中更大的效能，成为国家探索开放型经济新体制的"试验田"，成为国家参与全球竞争的重要空间载体，提升我国在全球价值链中的地位。

第二章　区域中心发挥引领作用促进区域融合的理论依据

一、中心地理和中心带动理论

20世纪以来，资本主义经济的高度发展加速了城市化进程，城市在整个国民经济、社会生活中的地位日益凸显，逐渐占据主导地位，各种经济活动如工业、商业、贸易、服务行业等由于集聚效益，开始向城市聚集。因此，对城市的研究显得日益重要。中心地理理论就是在这样的背景下被提出的。中心地理理论是由德国城市地理学家克里斯塔勒和德国经济学家廖什分别于1933年和1940年提出的，20世纪50年代起开始流行于英语国家，之后传播到其他国家，被认为是20世纪人文地理学最重要的贡献之一，它是研究城市群和城市化的基础理论之一，也是西方马克思主义地理学的建立基础之一。中心地理理论的主要观点有3个：一是城镇作为一个区域的"中心地"向周围地区提供所需的商品和服务，而提供的商品和服务受到"人口门滥"和"服务半径"的制约。二是高等级的中心地包括多个低等级的中心地。中心地规模越大，服务半径越大，提供商品和服务的档次越高。三是在市场原则、交通原则和行政原则下，中心地等级序列的空间分布模式具有相似但并非完全相同的分布规律，在整个地区便会出现大小规律不等、呈等级状分布的城市体系。[1]

---

[1] 陆玉麟，袁林旺，钟业喜. 中心地登记体系的演化模型[J]. 中国科学：地理科学，2011(8).

中心地理理论有比较浓厚的时代性体现。中心地理理论提出的时代，欧洲还处于城镇发展模式下，城镇还受到守卫成本的限制，城镇的规模和中心城市的边界还比较小。与当代的大都市不同，在这一历史时期，城镇的市集功能相对居住功能更明显，中心带动周边所依靠的并不完全是产业体系和产业带，更多的是贸易、商品和服务的提供功能。中心地主要提供贸易、金融、手工业、行政、文化和精神服务。中心地提供的商品和服务的种类有高低等级之分。根据中心商品服务范围的大小可分为高级中心商品和低级中心商品。高级中心商品是指服务范围的上限和下限都大的中心商品，如高档消费品、名牌服装、宝石等；而低级中心商品是商品服务范围的上限和下限都小的中心商品，如小百货、副食品、蔬菜等。提供高级中心商品的中心地职能为高级中心地职能，例如，名牌服装的专卖店和经营宝石的珠宝店是高级中心地职能；而经营小百货的零售店是低级中心地职能。高级中心地数量少，服务范围广，提供的商品和服务种类多；而低级中心地的数量多，分布广，服务范围小，提供的商品和服务档次低、种类少。从而出现了显著的中心带动性，高级中心带动低级中心，低级中心辐射外围乡村，提供市场和消费便利，从而产生了更广泛的中心带动性。

中心地理理论和中心带动性对本文的启示，并不是表面上中心性的塑造，而是根据中心的层级差异，充分认识到粤港澳大湾区城市群发展阶段的不同，正确认识中心层级的不同，从而更加深入地理解当前粤港澳区域融合的现状，更好地把握现阶段粤港澳区域融合存在的问题，更好地把握阶段性、培育重点、发展思路和制度创新需要之间的关系。

二、梯度推移与点轴开发理论

中心差异也进一步蕴含了梯度推移的发展理念，随着商品和服务的集聚，尤其是近现代国际安全和国家安全水平持续改善，城市规模受到治理成本的限制越来越少，各类中心城市和城镇都出现了扩张的趋势，一方面中心差异决定了梯度的存在，另一方面繁荣的发展也为梯度推移提供了广阔的实验空间。梯度推移还有一个重要的前提假设，即无论在世界范围内，还是在一国范围内，经济技术的发展都是不平衡的，客观上已形成一种技术梯度，而有梯度就有空间推移。这一蓬勃发展阶段与我国城镇化历程相匹配，所以梯队推移被引入我国，并得到了非常广泛的应用。具体来看，梯度推移理论是指在一个大区域范围内，由于地理环境、发展条件、自然资源、历史基础等原因，社会与经济技术的发展在区际之间总是不平衡的，客观上存在梯度差异，也就会有空间的梯度推移。高梯度地区通过不断创新并不断向外扩散求得发展，中、低梯度地区通过接受扩散或寻找机会跳跃发展并反梯度推移求得发展。而创新活动是决定区域发展梯度层次的决定性因素。随着时间的推移及生命周期阶段的变化，生产活动逐渐从高梯度地区向低梯度地区转移，而这种梯度转移过程主要是通过多层次的城市系统扩展开来的。

　　点轴开发理论则是对梯度推移现象的一个主观把握，人们希望通过主观能动性，更好地利用梯度推移原理或现象为区域开发所用。可以说，点轴开发理论是梯度推移在城市规划领域的实际应用。具体而言，点轴开发理论最早由波兰经济学家萨伦巴和马利士提出。他们认为，随着中心城镇数量的增多，连接中心城镇的交通线为发展轴。发展轴不仅具有增长极的所有特点，而且还具有比中心城镇更大的作用范围。这些轴线一开始为区域中心城镇服务，但轴线一经形成，对人口、产业也具有吸引力，吸引人口、产业向轴线两侧集聚，并产生新的增长点或新的区域发展中心。中心城镇与轴线相互贯通，从而形成发达区域的若干个中心城镇沿交通线路向不发达区域推移发展的线性推进机制。与发展现实相对比，从区域经济发展的过程看，经济中心总是首先集中在少数条件较好的区位，成斑点状分布。这种经济中心也是点轴开发模式的点。随着经济的发展，经济中心逐渐增加，点与点之间，由于生产要素交换需要交通线路以及动力供应线、水源供应线等，相互连接起来就是轴线。这种轴线首先是为区域增长极服务的，但轴线一经形成，对人口、产业也具有吸引力，吸引人口、产业向轴线两侧集聚，并产生新的增长点。点轴贯通，就形成点轴系统。因此，点轴开发可以理解为从发达区域大大小小的经济中心（点）沿交通线路向不发达区域纵深地发展推移。[①]

梯度推移与点轴开发理论对本文的启示，不只是正确地认识粤港澳大湾区城市群协同发展和粤港澳融合的历史进程，更是要有针对性地理解湾区西部澳门、珠海、中山等地区的开发逻辑，以及进入点轴开发逻辑中后期广深科技创新走廊的轴线带动性。从而更好地把握阶段性、发展重点和制度创新需求之间的关系。

三、增长的极化效应理论

要理解增长的极化效应理论，首先要了解增长极理论。20世纪50年代，法国经济学家弗朗索瓦佩鲁提出了增长极概念。该理论被认为是西方区域经济学中经济区域观念的基石，是不平衡发展论的依据之一。增长极理论认为：一个国家要实现平衡发展只是一种理想，在现实中是不可能的，经济增长通常是从一个或数个"增长中心"逐渐向其他部门或地区传导。因此，应选择特定的地理空间作为增长极，以带动经济发展。弗朗索瓦佩鲁主张经济空间是以抽象的数字空间为基础，经济单位不是存在于地理上的某一区位，而是存在于产业间的数学关系中，表现为存在于经济元素之间的经济关系。创新集中于那些规模较大、增长速度较快、与其他部门的相互关联效应较强的产业中，这些推进型产业与被推进型产业通过经济联系建立起非竞争性联合体，通过后向、前向连锁效应带动区域的发展，最终实现区域发展的均衡。这种推进型产业就起着增长极的作用，它对其他产业（或

[①] 周茂权. 点轴开发理论的溯源与发展 [J]. 经济地理, 1992 (7).

地区）具有推进作用。增长极理论的核心是推进型企业对被推进型企业的支配效应。支配，是指一个企业和城市、地区、国家在所处环境中的地位和作用。①

增长极理论与中心地理理论形似，但内涵不同，在向中心聚集阶段，中心城市的市集功能在逐步弱化，中心带动周边所依靠的是产业体系和产业带，对于贸易和商品联系的纽带作用在逐步弱化，增长极更是加工生产体系而非简单的消费体系。则可进一步总结为增长的极化效应，基于加工生产体系，市场要素和产业集聚的态势就已经形成，这就为土地的连续投资提供了可能，在单位土地上的连续投资和市场要素的持续集聚就成为极化效应的基础，从而使得增长极理论与中心地理理论形似但发展规模和量级差异巨大。综合来看，近现代的经济增长从区域分工已经演变为全球分工，降成本使得专业集聚和集群成为趋势。为此，经济增长不可能同时出现在所有的区域、部门、厂商，它将以不同的强度进行分散分布。在某一特定的经济空间内总会存在着若干经济中心或增长极（点），它会产生类似刺激作用的"磁力场"，呈现出"极化效应"。在增长极发展的初级阶段，极化效应居主导，而当增长极发展到一定程度后，极化效应削弱，扩散效应加强。因此，应将有限的资源投入到发展潜力大、效益好的区域、部门、产业和行业，再通过扩散效应带动周边地区或产业、行业等发展，进而推动整个区域的经济发展。

增长的极化效应理论对本文的启示是粤港澳的融合势在必行，打破湾区城市群的市政行政边界，有利于推进湾区的互联互通，构造协同发展的产业增长极和创新增长极。根据增长的极化效应理论，要充分认识广深科技创新走廊的一体化发展，尤其是在湾区几何中心位置构造湾区发展增长极（核）的重要性，广深科技创新走廊一线首先要打破市域行政边界的交通和公共服务

---

① 刘芬，邓宏兵，李雪平. 增长极理论、产业集群理论与我国区域经济发展 [J]. 华中师范大学学报（自然科学版），2007（1）.

供给体系,提供更加全面和无差异化的交通和公共服务配套。要正确认识增长极的协同和融合概念,通过极化效应促进区域融合,从而更加深入地理解当前粤港澳区域融合的现状,更好地把握现阶段粤港澳区域融合存在的问题,更好地把握融合、发展和制度创新需要之间的关系。

四、大都市圈理论

大都市圈理论又叫城市群理论,是区域发展的基础理论之一。已在全世界被广泛运用,并被作为衡量一个国家或地区经济和社会发展水平的重要标志。大都市圈其实就是以一两个特大型城市为核心,辐射并带动周边一定范围的中小城市,在全球具有一定的影响力和竞争力。最为典型的大都市圈就是纽约湾区。1957年,法国学者戈特曼提出"大都市带"概念,旨在描述美国大西洋沿岸北起波士顿、纽约,南到华盛顿,由多个城镇组合的都市密集区现象,强调这是一个独特的地理区域,它具有"核心区域构成要素的高密集型和整体区域的星云状结构"。大都市带是在特定地区出现的沿着特定轴线发展的巨大的多中心城市网络。在大都市带,支配空间的形式已不再是单一的大城市或大都市区,而是聚集了若干个大城市,在人口和经济活动等方面发生密切联系的一个多核心、多层次的巨大整体。戈特曼研究中的大都市连绵带具有特定的条件:第一,沿特定轴线发展的巨大多核心城市体系;第二,城市间存在多种形式的相互作用;第三,空间形态上互相连接的都市区;第四,产业高度集聚。①

从大都市圈的概念和特征看,经过30多年的发展,我国已经形成不同层次的都市圈。在第一层次的都市圈中,有以上海为中心的长三角都市圈、以广州为中心的珠三角都市圈、以北京为中心的京津冀都市圈。在第一层次之外,国家发改委正式确认的

---

① 张震. 大都市带理论梳理、概念评析与研究展望[J]. 现代经济探讨, 2014 (11).

都市圈还有长江三角洲、珠江三角洲、京津冀、山东半岛、辽东半岛、海峡西岸、长株潭、武汉、成渝、环鄱阳湖、中原、哈大长、江淮、关中、天山北坡共 15 个都市圈。[①] 中国的都市圈从国际标准而言，规模上确实达标，这是因为中国人口基数大、配套的生产体系和服务体系需求大，但质量上远远未达到在全球有一定影响力的标准，更多的是区域带动特征的体现。大都市圈理论是在增长的极化效应的基础上总结出来的一种以大都市为中心的发展模式，这一发展模式被进一步论证为单一中心和多中心的大都市圈发展模式，并且大都市圈发展模式下大城市数量通常不少于 3 个，至少有一个特大型或超大型城市，在中心城市的带动下，大都市圈具有全球的影响力。从中心地理理论到梯度推移再到增长的极化效应理论，不均衡发展在大都市带发展模式下被发挥到了极致。大都市圈的理论或者说发展模式的内涵就是充分地理解市场机制，运用不均衡发展推动一国国内区域发展的差异性，这也符合国内民生和发展差异性的现实需要和全球化背景下集中一国实力参与国际竞争的发展需要。

大都市圈理论和发展模式对本文的启示主要是粤港澳大湾区多中心格局发展模式的合理性和必然性，以及如何突出港澳在大都市圈发展中的主要作用，充分认识到粤港澳大湾区发展模式下市场要素充分流动和经济社会跨境融合的合理性，正确地理解互补发展过程中中心城市的重要性和标志性意义，要突出粤港澳大湾区发展的国际化水平，塑造湾区的国际影响力，促进粤港澳区域融合，就要充分发挥港澳作为湾区中心城市的关键性作用，从而更好地把握发展定位、培育重点和制度创新需求之间的关系。

---

① 刘金祥."大都市圈"战略是实现区域经济协调发展的重要途径［J］.理论探讨，2004（6）.

第三章 粤港澳区域融合的现状概述

一、政府层面：动力充足但对社会资源的调动性不足

"一国两制"是香港、澳门得以回归祖国和顺利过渡的重要制度基础。在香港、澳门回归祖国以后，中央政府围绕"一国两制"制度设定了很多有利于香港、澳门发展的规章，旨在促进港澳朝着更加繁荣和稳定的方向发展。粤港澳地区之间的地域联系比较紧密，在历史上的经贸往来也比较频繁，长期合作呈现出来的成果也很多。在港澳回归祖国之前，受到政治外交因素的影响，粤港澳地区合作相对受限，即使是机场港口建设的经济问题，也还需要中央政府出面与英葡两国通过谈判实现协商。涉及外交，通俗上说外交无小事，在港澳回归祖国以前，粤港澳地区合作更类似较为初级的订单式合作。香港、澳门回归祖国之后，这种局面得以持续改善，相关问题也演变为国家内部的经济往来问题，发展空间更加广阔，巨大的发展空间为深度合作提供了机遇。在经济合作的基础上，更多的权限被下放到地方，港、澳特区政府与广东省政府之间的关联开始朝着直接性的方向发展，并且这样的联系在发展中不断加强，变得更加紧密。基于"一国两制"的制度架构，粤港澳地区之间的合作开始朝着各个领域展开，实现了粤港澳地区合作的全方位发展，合作深度和广度都得到了极大的延展，无论是政治方面还是经济方面，或是社会方面，或是文化方面，都展现出全新的合作面貌。以往的经济

界合作、订单和货物式往来开始演变为政府之间的合作，以及以政府行政为主导推动的全面合作。

长期以来，港澳地区作为内地对外开放的重要窗口，其在国家对外开放政策执行上，在国家改革开放上，都扮演着十分重要的角色。对于广东省而言，依靠这样的合作优势和便利条件，其外向型经济得到了快速发展，进出口贸易额的六成是来自于港澳地区，港澳地区在广东省的投资量也不断增加，广东省内的企业积极联合港澳企业参与国际市场竞争。粤港澳区域合作得到了量与质的双重提升。尤其在粤港澳地区城市群之间的发展差异性不断减小、经贸和社会领域的区域合作不断提升的背景下，粤港澳地区城市群之间的经济往来和社会融合变得越来越频繁。但是，需要看到的是，在实现社会融合的过程中，社会政策的差异性和社会资源整合的阻力还是存在的，这些也是当前和未来一段时期内粤港澳地区协同发展的重要议题。

在"一国两制"和 WTO 的基本框架下，粤港澳地区之间的合作需要在不同独立关税区的机制下实现运作。相比珠三角主要城市，港澳地区与珠三角城市无论是在社会发展还是在经济运行模式上，都存在很大的差异性，制度差异存在于整个区域合作的各流程当中，这就需要趋利避害，发挥政府的行政主导作用，找到差异点并规避不良影响。CEPA 实施以来，中央政府积极针对区域融合做了一系列的制度安排和积极的尝试性探索。《珠江三角洲地区改革发展规划纲要（2008—2020）》的出台，显现了中央政府在推动粤港澳地区融合发展中的战略意图[①]。根据实际规划的相关要求，广东省积极参与港澳地区合作，树立创新意识，强化与港澳地区之间的交流，实现 CEPA 的有效贯彻执行，给予港澳地区更大的开放空间，站在国家规划的高度积极去推进制度创新，以做到"先行先试"。由于粤港澳地区处于不同制度框架之下、粤港澳地区又分别属于不同性质的行政区划、港澳地区与

---

① 苏东斌. CEPA 的实施与粤港澳的合作 [J]. 特区经济，2004（3）.

中央政府处于相对分离的状态等多重因素，地区之间的合作演变为空间地理层次的区域集团①。这就使得粤港澳地区的合作过于行政化。随着粤港澳区域经济合作的不断深入，粤港澳地方政府的紧密合作关系则更加被倚重，粤港澳地区陆续签订了《粤港合作框架协议》和《粤澳合作框架协议》，试图通过政府行政推进海峡两岸暨香港、澳门的深度合作，规范海峡两岸暨香港、澳门的深度合作行为，两份框架协议强调粤港澳地方政府之间的合作，从政策维度和实际方案维度来进行统筹，从而营造共同合作的新格局。基于这样的合作框架，粤港澳地区之间的融合正在朝着更加理想的方向发展，这也成为现阶段和未来一定时期内制度创新的重要基础。

《粤港合作框架协议》中对于粤港协同发展的蓝图设定为：亚太地区发展空间和增长潜力巨大的经济带，发挥市场和政府的效力，在通关领域和金融领域，在市场要素流动的各个环节，在法律监管、财政税收、协调机制维度、行政组织模式等方面，都进行不断的制度尝试和探索②。《粤澳合作框架协议》认为，要实现粤澳地区之间的融合发展，就要实现经济方面、社会方面、文化方面和生活方面多维度的融合，这些都需要以增长极为切入点。为此，提出产业协作、金融领域、通关领域、社会公共服务领域、中小企业发展领域和协调机构组织领域的制度创新需求，继而使得两者之间的合作朝着系统化的方向发展，为开展良好合作打下坚实基础③。综合来看，粤港澳地区的区域经济合作并不是它们经济发展结果的简单加和，而是在相互影响、相互作用的基础上，全面促进经济发展，并最终形成一体化发展的结果④。从另一个角度看，现阶段粤港澳地区已经具备了明确的区域划

---

① 谢宝剑．"一国两制"背景下的粤港澳社会融合研究［J］．中山大学学报（社会科学版），2012（5）．
② 陈广汉．推进粤港澳经济一体化研究［J］．珠江经济，2008（6）．
③ 梁育民．更紧密经贸关系与粤港澳合作［J］．特区经济，2002（5）．
④ 陈瑞莲．论回归前后的粤港澳政府间关系——从集团理论的视角分析［J］．中山大学学报（社会科学版），2004（1）．

分,香港作为国际性金融中心城市,服务业发展水平相对较高,澳门的赌场也举世闻名,休闲娱乐业发展空间大,而珠三角地区制造市场可以为粤港澳地区制造业发展提供强大保障。

香港、澳门回归祖国前期的粤港澳地区间的合作模式,可以归结为政府层面的、利益不兼容的、存在相互排斥倾向的利益集团间的梯度合作,如果在商业利益上存在矛盾,则难以为继[①]。这样的合作历史经验告诉我们,以市场为主导的粤港澳地区经济合作模式是更加有效的。粤港澳地区目前还处于相对独立的发展状态,从实际发展状况来看,长三角、京津冀等区域与粤港澳地区的最大不同点体现在香港、广州、深圳3个城市都没有达到北京或上海一样的发展高度,采用多中心的发展模式难以获得足够的内部溢出效果,3个地区需共同发展,确保市场化水平的不断提升和国际竞争力的提升。目前,仅从政府层面看,粤港澳地区的定位较为清晰,即香港作为金融中心、广州作为文化中心、深圳作为创新中心、澳门作为葡语系国家合作平台,通过清晰定位从而确保粤港澳地区发展的融合性和差异互补性,但是对社会资源的调动却很难实现错位发展和高效配置。

为了使得粤港地区之间的沟通朝着更加顺畅的方向发展,粤港澳地区积极构建了联席会议制度,要求在 CEPA 签署之后,粤港澳地方政府根据实际发展遇到的问题协商推进。但是,从实践操作来看,粤港联席会议制度将自身的焦点设定在:解决眼前存在的细节性问题。也就是说,实际的区域经济合作还没有被提升到战略层面,在相对缺乏战略协同的情况下,联席会议制度在实际推进中存在诸多困境,区域的制度创新供给也出现了供给不足和精准性受制于权限下放等一系列问题。这从客观上影响了粤港澳地区更深层次的紧密合作[②]。以粤港澳经济合作为例,在近几年中产生了较大的竞争分歧,不断地对区域经济交流和沟通协作

---

① 吴思海. 深化粤港澳经贸合作的困境及对策 [J]. 知识经济, 2009 (8).
② 杨敏, 周尚万. 论珠江三角洲区域经济聚集效应与一体化 [J]. 社会主义研究, 2009 (3).

机制提出了新的挑战。港澳地区的积极不干预和内地的行政主导出现了很多难以匹配的问题。不仅如此,粤港澳地区有两个关税区,在相关税务管理工作开展的过程中,彼此之间存在较大差异,要素自由流动需求也未能得到全面满足。如何确保经济优势互补效用全面发挥,进而打造和谐发展关系,对于粤港澳区域而言已经成为亟须解决的核心问题①。综合来看,粤港澳地区间的交流和合作,一开始是民间探索,接下来是政府主导,随后得到了越来越多的地方政府的参与和支持。在这样良好的外部环境下,新一轮的区域经济合作在制度建设层面被赋予了更多的期待,通过制度建设推进社会融合从而引导区域融合发展,服务构建粤港澳大湾区国际一流湾区和世界级城市群。

二、市场层面:一体化水平有提升但要素流动还存在限制

粤港澳地区之间产业在大珠三角地区的空间布局与分工,彼此之间在相互作用的基础上,形成了较为紧密的贸易合作关系②。在长达三十余年的发展历程中,"前店后厂"的产业格局不仅促进了广东与港澳地区之间的商品流通,同时也打造了庞大的全球商品市场加工基地;整个过程中,粤港澳地区市场一体化水平持续提升。依托港澳地区,珠三角地区制造行业正式与世界接轨,同时,自身所具备的主导功能逐渐发挥出来。现阶段,广东省市场机制虽然已经较为发达,但与港澳地区之间还存在着一定差别,生产要素的流动还会受到诸多客观因素的影响。在广东省投资的港澳企业多数都是中小企业,主要从事加工贸易,实际的技术含量很低,对于国外市场依赖度很高,没有培育自身的品牌,使得自身的生产销售都受制于国外企业。在国内外经济形势

---

① 吴殿廷,史培军,梁进社. 澳门产业经济发展战略研究 [J]. 广东社会科学, 2001 (1).
② 杨劲. 粤港澳新一轮区域经济整合与发展 [J]. 珠江经济, 2004 (8).

发生变化的背景下，以这样粗放化的方式去发展，是难以占据优势地位的。2008年，在全球金融危机事件后，传统的内地消费结构发生了巨大改变，整个过程中，内销市场开始成为内地经济转型的重点依靠。自此，粤港澳地区全力投入到市场转换过程中，合作重点从外向型单一市场逐步向多元化方向过度。此种状态下，它们的商品跨境流动，对应的合作空间结构也发生了巨大变革。广东发展逐渐走出自己的特色道路，在长达十余年的发展历程中，不断提高自身规模，吸引外资，并尝试从规模、效益、战略等入手，实现了全方位的发展。在此过程中，广东经济对港澳经济的依赖程度逐渐下降。

香港作为中国市场经济最发达的地区之一，随着国际化发展的不断深入，港澳地区已经进入后工业化时期，广东目前处于工业化的中后期，粤北山区和东西两翼还停留在工业中期的环节，能源、市场要素、产业结构方面的合作空间仍然存在，这就需要在新形势下的合作要从市场一体化、产业一体化转向更高效的要素配置，更高效的要素配置的前提则是更自由的要素流动。作为香港的优势产业，从广东对香港的服务业要素流动看，香港获取的服务顺差仍然集中在加工与出口运输服务领域，在CEPA推行以后，港澳地区在现代服务业发展方面出现了完全不同的局面。以珠三角地区为例，发展现代服务业符合其未来发展趋势，但是部分香港人担心服务业会进入到珠三角地区，使得香港自身的服务业处于相对真空的状态。从深层次经济发展动力角度看，粤港澳地区之间货物贸易发展速度必将持续降低，服务贸易替代货物贸易的动能转换亟须尽快完成。反观澳门，回归祖国之后，社会稳定、经济发展迅速。在澳门特区政府的领导下，澳门抓住历史机遇，将澳门的产业发展与广东全面联系起来。目前，澳门工业发展进入关键性的转折阶段，多元化成为其重要目标，尤其在澳门回归祖国之后，澳门特区政府和澳门友好人士高度关注产业多元化发展问题，但是澳门博彩旅游业独大、产业多元化不足问题依然没有得到改善。1999年，澳门GDP中博彩业占比为

25.1%。2010年澳门博彩业占比高达52.2%。澳门博彩业对于其他行业存在挤出问题，使得澳门依靠自身实现产业多元化的发展难以为继。从内因来看，因澳门的人力、土地等因素限制，导致产业用地和产业用工紧缺问题相对较为严重，进而导致产业成本费用大幅度增加；澳门基础设施建设水平也较低，不具备良好的投资环境，导致众多外商已经撤出澳门，资金及技术欠缺问题已经全面显现。从外部角度分析，中国内地和东南亚地区不仅具备成本低等相关优势，而且投资环境也相对较为完善，导致澳门工业发展所面临的困境更难解决。在澳门产业多元化的过程中，澳门与广东的产业合作和市场的一体化发展必然呈现出极强的融合意愿，但是其经济结构还是以博彩业旅游为主导，经济合作的新增长点相对有限。

CEPA实施之后，粤港澳地区的商品和生产要素的流动还没有进入到最佳状态，制度性障碍依然存在，比如，投资便利化方面存在的问题集中体现在：内地人员进出限制太多，实际的签证手续操作复杂；广东企业资金进出香港受到多方面限制，企业境外投资审批难度比较大，并且实际的运作效率很低；行业标准和认证标准存在差异，给实际的投资造成了影响；广东对于香港的投资审批程序也比较烦琐，使得投资行为受到影响[1]。现阶段，广东省内各地区高度关注外资的引入，积极出台应对政策，但是从引资质量和产业结构来看还没有达到理想的发展水平，各地区甚至进入恶性竞争的状态，珠三角各个城市也出现了同质化的倾向，忽视了总体战略的合理规划和安排。再者，因为粤港澳地区跨境合作的投资项目都是以中小企业去驱动的，很容易受到国际市场因素的不良影响[2]。从产业合作层面看，广东省第二产业所占比例相对较高，而且自身发展受到外向型经济的影响，以进出

---

[1] 叶园园，彭贵. 大都市区管治理论、现实与对策：以珠三角为例证[C]. 2012年岭南经济论坛暨广东经济学会年会，2012.

[2] 杨英，秦浩明. 粤港澳深度融合制度创新的典型区域研究——横琴、前海、南沙制度创新比较[J]. 科技进步与对策，2014（1）.

口、批发、零售等产业为主,产业结构优化、员工素质等相关问题暂未得到全面解决,产业发展和长期产业合作的优势并不明显。粤港澳地区市场层面的合作作为粤港澳区域合作的重要基础,急需找到新的发展动能,降低风险,规避体制上存在的障碍,提高发展和融合的质量。

值得庆幸的是,作为要素流动的基础,粤港澳地区交通基础设施日臻完善。粤港澳地区公路及铁路方面,有城市"九纵三横"的高速公路网以及城际铁轨正在建设完善,实现珠三角一小时生活圈,杭广高铁、南广高铁、贵广高铁以及广深高铁,使得区域和全国之间的交通联系变得更加密切;航运及空运方面,湾区拥有3个全球大港和5座干线机场;港珠澳大桥的建成大大提升了区内交通的便利程度,推动了粤港澳地区的开发建设和区域经济一体化。总体而言,改革开放40年以来,粤港澳地区的合作取得了可喜的成绩,产业关联度持续提升,市场一体化水平显著提高,产业和市场一体化的规模性有所体现,产业和科技的跨境合作的自主创新体系也慢慢形成,无论是在国内还是在国际上,都具有了一定的影响力和合作外溢效应,但在新时期要发挥相对有限的互补性,就要充分依托更深层次的要素配置功能。目前,粤港澳地区的交通基础设施已经较为完备,还需要探索如何在体制机制层面促进粤港澳地区市场要素的自由流动和高效配置,从而在市场深度合作层面推进粤港澳区域融合。

三、市场主体协同发展:合作较多但需要探索新合作模式

"一国两制"原则是中国共产党的伟大创造,是港澳和平回归的制度保障,为港澳地区20多年的快速发展提供了制度支撑,是经过实践验证的成功经验。在"一国两制"的总方针下,作为港澳与内地合作的基本框架,CEPA已经在内地全境复制推广。CEPA包括货物贸易、服务贸易和贸易投资便利化三方面的

内容。截至 2015 年，广东自贸区挂牌成立以前，内地对香港开放服务贸易领域达到 149 个，占世界贸易组织 160 个服务贸易部门分类的 93.1%，相关优惠措施达到 403 项，基本上形成了较为完整的协议体系，能够有效地推动内地和港澳地区经济一体化发展。随着 CEPA 及其补充条款的实施，港澳地区和内地的经济合作关系已进入到一个通过制度性安排去规范和推动经济整合的阶段，一系列与之配套的便利化改革和产业合作政策也都取得了丰硕的成果。因此，粤港澳地区之间的经济联系是长期积累形成的，是一个经济发展演化的自然演变的结果。

从经济发展自然演进历程的角度看，广东的重工业资源相对匮乏，轻工业和外向型生产制造业较为发达，港澳地区的产业结构又偏向于服务业，这就造成了粤港澳地区产业合作中更偏向中小企业合作发展的模式。一方面，产业结构调整需要时间；另一方面，这也是粤港澳地区产业的特征，是一个发展演化的结果。为此，市场主体的协同发展和跨境合作更应该通过市场和机制设计来推动。就广东而言，广东科研体系较为健全，研发团队有一定的储备水平，相关的基础产业也比较夯实，加工业体系完备，但是在实际科研投入、科研成果转换、科研产业化发展和科研信息共享方面，以行政为主导的推进方式存在很多问题。就香港而言，在完成劳动密集型产业转移之后，需要积极实现服务业的再次转型，但是岛内制造业的不断萎缩会对服务业产生不良影响[1]。香港自身资金资源充足，与国际之间的联系比较密切，独立关税区的优势明显，可以实现各种高科技设备的便利引入，信息更加顺畅，但是在技术人才方面缺乏统筹意识[2]。

横向对比来看，粤港澳地区在实现产业格局调整的时候，都面临着行政规制力所不能及之处。这 3 个地区之间的合作，可以使得各自的优势和劣势得到互补，推动民间和官方经济合作的不

---

[1] 江保国. 粤港澳特别合作区的法律思考 [J]. 开放导报, 2008 (6).
[2] 张紧跟. 区域公共管理视野下的行政区划改革：以珠江三角洲为例 [J]. 珠江经济, 2007 (11).

断发展，在促进市场要素自由流动的机制保障下，发展的核心动能或者说促进粤港澳区域融合的关键少数就是中小企业等市场微观主体。这些中小企业等市场微观主体通过正确投资和高效配置市场要素得以实现利润，并支持自身的长期发展，成为跨境合作的核心实现形式和重要载体。结合粤港澳大湾区的产业特征，其大多数跨境市场主体合作都针对劳动密集型业务、技术含量很低，实际投资规模也不大，回报期限比较短且实际收益处于比较高的状态。在国际一流湾区和世界级城市群的发展背景下，这些不足以支撑未来几十年的有序发展，这就需要创新并探索新的合作模式。

CEPA虽然发挥了港澳地区和内地服务业的比较优势，且促进了双边服务贸易的增长，但是CEPA并没有使双边服务贸易在港澳地区服务贸易总量占比中得到大幅提升。服务业属于资本密集型行业，服务贸易合作对资金和专业人才等要素的自由流动需求更高。目前，内地对港澳企业和港澳人士依然参考外资和外籍人士管理，在资金和专业人才自由流动受限的情况下，必然会出现行业准入放开即"大门开"，发展所需要素受限即"小门不开"等问题。虽然广东自贸区成立以后，针对港澳地区与内地合作，从主体合作、模式合作、检验检疫互认和配套制度创新等方面做了一系列的探索，但是外资及外籍人士管理的事权下放问题，直接导致粤港澳地区合作的深度和广度并未有实质性的突破。目前，粤港澳地区合作的主要投资领域集中在电子产业、纺织产业和服装产业，在金融产业、科技产业和旅游产业方面的合作相对不成熟，这些产业恰恰是粤港澳大湾区发展中的支柱性产业或战略性产业，在实际生产环节，"三来一补"和劳动密集型产品的生产合作占据主导地位的模式也需要改变，以探索新模式促进产业发展，通过经济融合和市场主体深度合作，推进社会融合和粤港澳区域一体化发展。

我国自实施改革开放政策后，广东省的经济发展速度始终领先于国内其他省份，而且开放程度也处于前列。在改革进程中，相关的专业人力资源团队也不断地建立起来，这对于发展融合经济、驱动金融科研等高端服务行业发展而言，都是有重大意义的①。粤港澳地区已经累积了巨大的发展动能，金融中心、贸易中心、物流中心、航运中心和旅游中心都是香港得以长期发展和进步的重要代名词，澳门虽然地域面积十分有限，但是在我国与葡萄牙语国家的贸易活动开展过程中，发挥着十分关键的影响作用，同时也是东亚地区娱乐产业发展水平较高的城市之一。虽然粤港澳地区相连，且都以粤语为主，而且改革开放政策实施使粤港澳地区重视经济合作项目发展，但由于历史因素导致粤港澳跨境合作运营率普遍较低，很多目标都无法最终实现②。随着广东经济发展水平的不断提升，其与港澳关系也发生了明显改变。发展之初，广东依靠港澳经济环境持续与世界接轨，现如今，彼此之间已经不再存在依赖关系，而是多样性资源的有效融合。在近十几年的时间内，内地各级地方政府恪尽职守，依照实际管辖职权的要求，积极参与港澳商业合作的项目，推进了市场主体的跨境合作，也取得了很多可喜的成就。但是，因为对于粤港澳经济一体化的认知存在偏颇，没有将港澳地区纳入珠江区域经济体系，并未站在宏观的角度去进行区域规划和顶层设计安排，导致实际交互程度处于比较浅层的状态，各地之间的优惠政策甚至还存在相互攀比的现象，实际产业结构也出现了趋同的情况，致使制造行业的升级处于相对缓慢的状态，无论是产值还是人力资源需求，都未产生 $1+1>2$ 的效果，这在客观上会造成粤港澳地区融合发展的经济风险。

2015 年 3 月 24 日，广东自贸区总体方案通过审议，《中国（广东）自由贸易试验区总体方案》（国发〔2015〕18 号）明确要求广东自贸区要发挥先行先试作用，以开放促改革、促发展，以制度创新为核心，促进内地与港澳经济深度合作，探索新途

---

① 丘志乔. 完善粤港澳紧密合作区协商解决机制 [J]. 开放导报, 2011 (4).
② 程永林. 区域整合、制度绩效与利益协调 [D]. 广州：暨南大学, 2007.

径、积累新经验，为未来粤港澳地区间的市场主体跨境合作和探索新的合作模式提供平台保障和机遇。在香港回归20周年之际，港澳与内地深化合作已经进入到深度合作期，结合粤港澳大湾区一体化发展导向，广东自贸区粤港澳深度合作的使命，更倾向于粤港澳地区深度融合，是在产业合作和经贸合作的基础上，进行更广泛的社会和人文层面的融合及更深入的经济共同体代际合作。然而，目前作为粤港澳深度合作先试先行示范区的广东自贸区，在融合的广度和深度层面还远远不够。港澳资企业和港澳人士的外资外籍管理模式就是融合偏误的标志性的体现。以广东自贸区南沙新区片区香港园、广东自贸区横琴新区片区粤澳合作产业园、广东自贸区深圳前海蛇口片区检验检疫互认体系为例，南沙新区片区香港园旨在引入香港标准，规划已近一年，仅仅停留在选址规划层面，与东莞、佛山等地香港园区建设发展相比，大事项难推动、深层改革被搁置集中体现；相比南沙新区片区香港园，横琴新区片区粤澳合作产业园发展更加成熟，中医药产业园和"横琴·澳门青年创业谷"在主体合作、模式合作、产业创业合作以及人才通关、安居等配套制度创新层面做了比较深入的探索，但是粤澳合作产业园中外资引入和深度融合远未达到预期成效（体量和成果方面）；深圳作为中国改革开放的前沿阵地，体制机制创新具备无法比拟的优势，然而，海关和检验检疫部门在地方的事权与广东自贸区制度创新需求不匹配，广东自贸区在粤港澳地区融合层面的探索还有很长的路要走。总的来说，作为粤港澳地区深度合作的先行地，广东自贸区在粤港澳融合或深度合作方面进行了一定的探索，粤港澳融合或深度合作还需要制度层面的创新和实践，从而实现粤港澳合作在广度（社会、人文）和深度（共同体和代际）层面的突破。

四、社会组织交流：社会组织合作较少、路径有待开辟

市场、政府、社会组织是构成现代市场经济运行机制不可分割的有机整体。市场这只"看不见的手"起资源配置的决定性作用，政府这只"看得见的手"需要提供优质的公共产品，克服"市场失灵"，而介于两者之间的社会组织则要发挥沟通、服务功能，以克服市场和政府的"双重失灵"。三者相互作用、相互联系，从而构成完整的现代市场经济运行机制。因此，粤港澳地区的长期深入合作，除了在政府和经济层面的合作以外，也应加强社会组织层面的合作。然而，虽然近年来广东"小政府、大社会"的治理模式日益形成，理论上社会组织的交往也应保持着频繁、密切的交流合作关系，但事实上广东社会组织与港澳社会组织的合作还很少。[①] 伴随着港珠澳大桥的兴建和珠三角城市轻轨等相关基础设施的建成，粤港澳一小时生活圈渐成现实，粤港澳地区的物理空间被大大拉近，这为它们的社会组织的合作发展提供了"地利"优势。推动它们的社会组织的合作发展有利于为粤港澳地区的全方位合作服务，有利于粤港澳地区共同构建全球最具竞争力的大都会圈，推动粤港澳地区社会的和谐共处和共生。粤港澳地区的合作不仅仅是经济上的合作，也可以挖掘港澳地区社会组织管理与发展的先发经验，激发广东社会组织崛起的后发优势，从而良性互动、服务社会、健康发展。香港虽然没有专设的事业单位，却有很多类似于内地事业单位的社会组织，这些民间机构在提供社会服务方式上非常有经验。广东自贸区深圳前海蛇口片区深入借鉴香港经验，正在发展更多能够承接部分政府、事业单位职能的社会组织，打牢政府购买服务的社团基础。随着粤港澳区域合作的深入推进，规范港澳地区社会组织

---

① 周奕丰. 提升粤港澳社会组织合作水平 [N]. 南方日报, 2014 – 03 – 12 (2).

在粤活动，鼓励广东社会组织走向港澳，深化粤港澳地区社会组织合作发展，也成为广东乃至内地其他地区社会组织发展的必然选择。但是，社会组织在我国的发展，长期以来缺乏规范化管理，要允许爱港（澳）爱国的港澳社会组织在粤设立代表机构，并优先鼓励其与本地依法设立的公益性事业单位、社会团体、基金会和民办非企业单位合作开展活动。让在民间实际运作却未登记在册的"地下"港澳地区社会组织能够找到一个可行性的正规运营渠道，从而纳入内地社会组织管理体系，推动内地社会组织管理的规范化、有序化。粤港澳地区社会组织合作，对于方兴未艾的内地社会组织改革来说，合作路径还有待开辟。

目前，从最便于推进的高校和科研界第三方机构跨境合作来看，粤港澳地区高校科研方面合作一直在开展，但是从实际绩效来看，并没有达到理想的状态。以广东省高校与港澳地区科研机构合作为例，很多方面的合作深度不够，合作效果也没有展现出来。对于其问题进行探究，可以分为如下几个方面：其一，合作多数都是个人自由参与模式，很少是规模组织开展的；其二，技术性劳动力和委托加工获相对应的报酬，属于典型的外延式合作，合作的实际质量不高，长期效益难以展现出来；其三，科研合作、基地建设、人才培养和学科发展都难以进入深度合作的状态，自然科学领域的合作成果不能有效地转化为实际产业的发展动力。也就是说，在实现科研合作的过程中，合作都处于相对低层次的状态，这与高校科研机制的差异性，实际科研合作战略部署没有明确化，缺乏对应激励机制之间存在关联[1]。政策环境的不断优化，使得粤港澳地区在高校科研合作的力度得以不断加强，尤其对于广东省部分高等院校而言，应积极参与粤港澳地区科研合作项目。除科技界交流外，市场要素流动受阻的问题也主要是运营模式和路径的不匹配问题，要提高市场的配置效率，广东方面的做法是政府介入，而港澳地区的做法是社会组织和行业

---

[1] 杨英. 澳门经济"适度多元化"与大珠三角经济一体化研究［J］. 亚太经济，2012（2）.

协会等第三方机构的介入，在《内地与香港关于建立更紧密经贸关系的安排》和《内地与澳门关于建立更紧密经贸关系的安排》中能否发挥社会组织和行业协会等第三方机构的力量，是目前粤港澳区域合作和发展融合中亟须破题的内容。在港珠澳大桥通车和广九高铁通车的进程中，我们也发现社会组织的作用不可忽视。但由于内地社会组织与港澳社会组织的运行机制略有不同，短期内粤港澳地区的社会组织交流问题还未明朗，合作较少，合作路径更有待开辟。

五、民间交流：交流频繁无障碍但交流目的差异较大

从历史发展脉络的维度来看，粤港澳地区之间的民间往来从未间断过，且实际交流牵涉多个领域和方面，这为粤港澳地区的协同发展奠定了夯实的基础。尤其在经济资源不断整合，制度不断改善的背景下，民间交往开始朝着更加频繁的方向发展。2009年，为方便深圳居民赴港，促进香港相关行业发展，深圳户籍居民可申请"一签多行"，费用仅为100元，深圳户籍居民可在证件有效期（一年）内，多次往返香港、深圳两地，不受次数限制。到期后可续签"一签多行"。深港两地罗湖出入境管理处和福田出入境管理处有地铁直接接驳，深港两地民间生活出现同城化现象，香港北区迎来了快速发展期。2013年，港澳地区与内地自助通关系统正式上线，入境处在罗湖、落马洲支线（对应口岸为深圳福田）等地入境大堂设有登记处，旅客递交所需文件并签署表格，然后采集指纹并拍照。办理好登记的旅客，入境时可选用标有"e-道服务"的通道，首先将通行证信息页放置于闸机扫描，然后进入e-道核对指纹，最后领取机器自动打印出的入境标签完成通关。出境时手续相同，只是无须领取标签。通关效率大大提升，罗湖、福田口岸以往非节假日时的验放排队拥堵现象得以缓解，内地与港澳地区通关便利化大大提升。香港

上水出现了一批深圳白领生活消费人群，上水中心附近的超市和菜场普通话使用程度极高。根据香港方面反馈的情况，香港新界北内地水货客流量激增，也是同年，香港新界北出现了反水货客的情绪。为缓解香港新界北区位承载力，深港间规划建设了直通香港九龙的福田地下交通枢纽，深圳户籍居民的"一签多行"改为"一周一行"。然而，与深港两地生活同城化相伴随的路径便利和路径依赖已经形成，"一签多行"转为"一周一行"限制了水货客的通关频率，通关便利化和通关效率反而得到了提升。作为集聚市场敏感性的市场主体，苹果公司在沙田广场新开了一家规模很大的苹果店，在调研过程中，项目组发现，该苹果店的消费人群以内地客居多，并且人流量已经远远超过了苹果九龙店。

粤港澳地区旅游资源相对较为丰富，旅游也是政府重点关注的朝阳产业。在旅游业发展方面，粤港澳地区的旅游资源十分充足，自然资源多样化，旅游发展空间很大，并且粤港澳地区无论在交通设施上，还是在人口聚集程度上，或在产业发展布局上，或在城镇化发展上，或在物流、能流、信息流交互上，都呈现出极大的便利优势，民间交流得到了较大的便利。在 CEPA 框架下内地与香港积极进行资格互认，推动彼此在专业人才交流中的合作。CEPA 执行之后，内地与香港在多个领域都进行了这样的尝试和探索，比如，产业测量师、建筑师、结构工程师等，并且在证券领域、保险中介领域、律师会计领域也进行了初步协议的达成，这样可以使得彼此在人才交流中变得更加顺畅，使得实际的专业人才发展格局朝着更大的方向发展。目前，港澳地区与内地民间往来频繁，相对于内地，香港的营商环境和市场秩序更好，货物贸易和服务贸易绝对优势明显，"三来一补"时期形成的香港投资者已经成为来粤一代移民。2003 年以来，CEPA 进一步放开了港澳到内地的投资贸易准入限制，港澳地区企业和居民来内地投资持续增加，随着内地经济水平的不断提升，内地的投资吸引力和商务往来进一步提升，然而民间往来的目的分化更加明显。港澳人士来内地以商务交流为主，旅游观光次之，购物需求较低。内地人士往来香港则以购物为主，商务目的日益增加，由于香港商品和服务的显著优势，商务往来的人群也通常会带有购物需求。香港还需要积极引入高科技人才。1994年，香港通过了"输入中华人民共和国专业人士试验性计划"，力争引入1000个专业人才，但是在实际操作的过程中，审核流程复杂，实际的审核时间也比较长，难以发挥其功效，最终在1997年被终止。1999年，香港特区政府开始实施输入优秀人才计划，没有数量限定，也没有行业的限定，以内地优秀人才为主要对象。2001年，香港特区政府再次推出内地专业人才引进计划，主要引进在资讯科技和金融服务方面的专业人才。2003年，香港特区政府启动新的输入内地人才计划，没有行业限制并允许内地驻港公司实现内部调遣。

综合来看，港澳与内地往来日益频繁，路径便利和路径依赖基本形成，但是港澳与内地民间往来的目的差别较大、分化明显。"香港自由行"政策的出台是中央政府应香港特区政府的请求，以国家的全局发展考虑做出的决策。2003年7月28日起，中央政府批准部分城市的户籍居民可申请港澳自由行。首批城市为东莞、佛山、中山、江门4个城市。同年8月20日起，增加广东省广州、深圳、珠海、惠州4个城市。以上8个城市主要集中在广东。同年9月1日起，增加上海、北京。2004年5月1日起，全广东省户籍居民均可申请港澳自由行。2004年7月1日起，南京、苏州、无锡、杭州、宁波、台州、福州、厦门、泉州开通港澳自由行。到目前为止，内地有49座城市的居民可以以个人身份到香港旅游，不需要循旅行团"团进团出"。2009年，深圳户籍居民"一签多行"政策，以及2013年自助通关查验改革以来，香港新界北区的旅游承载力几乎难堪水货客重负。2015年年初，出于香港接待能力有限的考虑，香港特区政府提出将在"两会"期间与内地部门商讨能否收紧"自由行"政策，以控制游客的自然增长。对此，有激进人士在媒体公开表示，取消内地游客自由行。取消自由行的核心目的是限制水货客往来于港澳地区和内地之间,与取消自由行政策明显事与愿违;作为对旅游业有较高依赖度的经济体,取消内地游客香港自由行并不符合实际需要;并且"香港自由行"政策的出台是中央政府应香港特区政府请求,以国家的全局发展考虑做出的决策。取消自由行事件在道理、利益、节制等多方面都没有立足之处,取消自由行事件甚至可以比作闹剧。反观人类历史,在任何制度下,情绪凌驾于绝大多数人民利益,情绪可以影响政治决策都是极为不成熟和极为不负责任的。取消自由行不但难以解决问题的根本,而且更表现出了香港政治体制和决策机制的严重问题,取消自由行从解决问题的办法变成了矛盾激化的标志性事件。

总体来说,促进社会成员之间的广泛交流,对于粤港澳地区经济协同效益的发挥来讲,是至关重要的。在粤港澳大湾区城市群协同发展和广东自贸区粤港澳地区深度合作制度创新的基础上,人员的自由流动虽然还需要花费很长的时间,但是这种趋势呈现出乐观且不可阻挡的态势。

第四章 湾区战略下粤港澳区域融合的重点及前景分析

一、广深港：粤港澳区域融合的核心区域

（一）基本情况

广深科技创新走廊是沿广深轴线区域，北起广佛交界处，经广州主城区、东莞松山湖、深圳主城区，南至深圳大鹏，沿广深高速、广深沿江高速、珠三环高速东段、穗莞深城际、广九铁路等复合型交通要道所形成的创新要素集聚区域，长度约180千米，主要规划范围在广、深、莞三市，三市现有面积11836平方千米，以广深科技创新走廊为轴全面撬动三市的创新发展。

广深科技创新走廊是在服务港澳融入内地和创新驱动战略下，大湾区城市群协同发展的新亮点，核心抓手是培育创新要素，通过基础设施互联互通促进粤港澳大湾区内部科创要素的自由流动和高效配置。以创新驱动、集聚发展，统筹规划、市（行政单位）为主体，以政府引导、市场主导，开发合作、协同发展为基本原则。广深科技创新走廊的定位是为全国实施创新驱动发展战略提供支撑的重要载体，力争成为全球科技产业技术创新策源地、全国科技体制改革先行区，粤港澳大湾区国际科技创新中心的主要承载区和珠三角国家自主创新示范区的核心区。

广深科技创新走廊是点轴联动中后期大都市带和增长极的新发展形态。其中有一点值得关注，即点轴联动进入到中后期，在广深科技创新走廊上，各个节点已经具备了比较强的实力，形成

了轴带的总体集聚优势和影响力。在此基础上,广深科技创新走廊发展目标分三步走:第一步,到2020年科技产业创新能力领先全国,R&D研发的GDP占比、高技术制造业增加值、科技进步贡献率、每万人发明专利拥有量等主要创新指标达到或超过创新型国家(地区)水平;第二步,到2030年建成具有国际影响力的科技产业创新中心,打造中国硅谷,建成国际一流的人居环境,成为全球创新网络重要力量,科技创新能力跻身世界前列;第三步,到2050年建成国际一流的科技产业创新中心,全面建成具有全球影响力的科技创新走廊,科技创新能力达到世界领先水平,强力支撑带动广东省领先全球创新型地区。广深科技创新走廊的具体实施推进,要落脚于"一廊十核多节点"的空间布局。"一廊联动"即广深科技创新走廊(见图4-1),集中穗莞深创新资源,联合香港共同构建轴线联动和产业联动,共同建设珠三角国家自主创新示范区。"十核"重点在于整合广深内地一

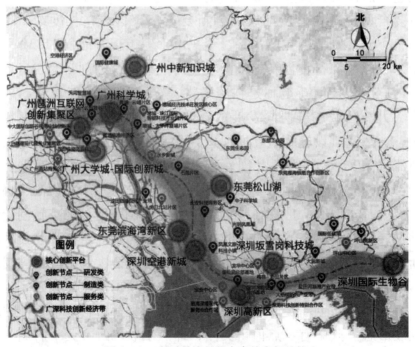

图4-1 广深科技创新走廊的空间结构

侧的创新资源，集聚大平台发展优势。"十核"具体包括：广州大学城—国际创新城、广州琶洲湾互联网创新集聚区、广州中新知识城、广州科学城、东莞松山湖、东莞滨海新区、深圳空港新城、深圳高新区、深圳坂雪岗科技城、深圳国际生物谷。依托"十核"构建科技创新重要平台载体，打造全球顶尖科技产业创新平台。多节点具有动态调整性，根据点轴联动发展的自然演变历程，充分推进新的节点营造，目前已经初步形成的节点包括广州市国际生物岛园区、天河智慧城、深圳市前海深港现代服务业合作区、深圳湾超级总部基地、东莞市中子科学城等几十个发展节点。

为了更好地理解，可以对比湾区西部地区，随着港珠澳大桥的建成通车，横琴的禀赋格局有所变化，大桥经济区与横琴自贸试验区的联动发展可期，但并未形成足够强势的中心点，在点轴联动的前期，更需要关注中心点的培育，而非轴的联动性和多节点的动态培育问题。广深科技创新走廊是一个自然的发育过程，应用点轴联动、都市带和增长极发展模式起草规划，要关注阶段性和时效性。

（二）合作重点和互补性分析

广深科技创新走廊是粤港澳大湾区的核心发展区，是目前粤港澳大湾区城市群协同发展和粤港澳融合创新的标志性区域。综合来看，广深科技创新走廊是在区域发展逐步成熟的基础上形成的市场高度发达、创新资源和市场要素大量集聚的增长极化区域。具备与市场高度发达相匹配的一系列优势，从该片区粤港澳融合的互补性来看，依然可以遵循广东自贸区粤港澳区域融合探索的重点工作分类进行分析，主要是体制机制改革较为成熟，粤港澳地区的体制机制营商障碍较少；科技创新走廊沿线创新发展为跨境融资和粤港澳地区金融深度合作提供了广阔空间；粤港澳地区大通关体系基本构建完成；科技创新走廊主要平台的人才政策为国际化人才集聚提供了施展才华的舞台。值得关注的是，广深科技创新走廊已经进入点轴联动的发展中后期，通过中心城市进行总体带动，从而实现整体发展的可行性越来越小。也就是说，广深港沿线，不论中心城市的设定采取何种办法，都无法通过单向的带动实现融合。广深科技创新走廊片区上粤港澳区域融合和深度合作已经完全脱离了"三来一去一补"的早期发展思路，与湾区西部和湾区东部广深港外侧的大部分区域相比，粤港澳区域融合更倾向于市场行为而非规划编制。

具体来看，体制机制方面，广深科技创新走廊沿线地区是香港早期进入内地的先发地区，针对粤港澳地区货物贸易、投资便利、服务贸易和专业人才流动的政策沉淀最为丰富，并且由于一代港人来内地创业并安居后，已经引致二代港人来此创业和就业。调研中虽然港澳地区人士还提出了一些在体制机制方面希望能够改善的空间，但不论是政府服务还是政府行政审批都能够满足粤港澳地区人才和企业的发展需要，并且广深科技创新走廊沿线地区还积淀了比较好的政府和港澳资市场主体的沟通协作机制，在现有的体制机制上难以突破的问题，也可以通过协商和引导式服务的方式辅助解决，体制机制方面的协作已经达到了一定的水平，并且在此基础上，结合协调沟通机制，粤港澳区域体制机制创新具有良好的实践基础，这也是该片区粤港澳区域融合的优势所在。

投融资方面，广深科技创新走廊沿线区域市场高度发达，叠加创新驱动的发展理念，以连续投资作为基础，投资成本虽高但投资风险较低，投资回报相对稳定可期，目前港澳资企业和粤港澳地区合作企业也在发达的市场经济支撑上获得了较好的发展，不论是从项目上看还是从融资主体上看，投融资的基础较好、空间较大，随着目前国内金融政策持续收紧，通过港澳地区渠道获得国际融资的需求越来越高，港澳作为"超级联系人"和金融国际化水平最高的地区之一，其金融服务的优势能够与内地创新驱动和实体经济发展相契合，具有极佳的互补性，并且在广东自贸区粤港澳地区跨境金融合作和试验的基础上，实体经济投融资所需的跨境资金也能够有比较稳定的流转渠道，金融汇兑等风险也相对可控，广深科技创新走廊的粤港澳跨境投融资空间也是支撑广深科技创新走廊蓬勃发展的重要原动力，是未来广深科技创新走廊发展可以期待的重点工作。

货物等要素自由流动方面，广深科技创新走廊沿线具有粤港澳大通关体系，在粤港澳大通关体系上的深圳前海蛇口片区和广州南沙新区片区是两个重要节点，两大片区位于广深港沿线的中段，以基础设施和贸易便利化为支撑构建的粤港澳大通关体系能够满足货物等要素的自由流动需求。这不只是商品贸易的需要，更是专业设备等生产资料自由流动的需要。从"三来一补"的来料加工后期，通过货物的自由流动推进粤港澳地区的共同制造已经登上历史舞台，目前它们的共同制造有衰退趋势，但是要通过产业合作推进粤港澳区域融合，仅仅是通过投资将市场主体紧密相连，并不会产生更多的营商行为，这并不利于通过发展推进粤港澳区域融合。从港澳方面看，依然具备专业设备等生产资料的进出口效率优势，并且专业制造商在香港设立总公司，在货币结算上依然具备便捷优势，广深科技创新走廊依然具备产业合作的腹地禀赋优势，在此基础上，货物等要素自由流动的优势就能够在互补性的基础上发挥出来。

人才跨境流动和安居方面。广深科技创新走廊作为湾区发展的核心区，对人才的需求极高，目前广深科技创新走廊沿线区域有极为完备的人才支持政策，构建了丰富的引才模式，积极对接国家"千人计划"、深入实施广东"珠江人才计划"等重大人才工程，创新实施"粤海智桥计划"，充分利用国际猎头公司、本土人力资源机构等市场和社会力量，构建市场化、信息化、全球化、常态化引才机制，并鼓励企业采取顾问指导、短期兼职、候鸟服务和退休返聘等方式柔性引才，引才力度和引才广度都有很强的吸引力，广州配套了"羊城人才计划"，深圳配套了"孔雀人才计划"，东莞配套了"创新创业领军人才计划"，以确保引才的力度和深度在全球范围内具有一定的吸引力。横向比较港澳地区，港澳地区的营商文化和制度国际化水平极高，港澳地区不只是培养了在亚洲地区有竞争力的人才，更积聚了大量优质的国际化人才。目前，香港硕士毕业生和非紧缺专业的博士毕业生，就业的起薪和发展空间都没法和广深科技创新走廊沿线地区相媲美，从人才合作的角度，粤港澳地区的互补性较高，由于基础设施联通和以往人才流动路径的沉淀，广深港沿线人才跨境流动极为方便，并且跨境人才在广东自贸区安家和置业都有比较便捷的渠道和全方位的保障支撑，深圳前海蛇口片区和广州南沙新区片区在广深港沿线的中段，能够满足人才跨境流动的安居需求。粤港澳人才跨境流动和安居是该片区粤港澳区域融合的亮点工程，更是湾区发展动能的基本保障。

（三）前景分析

当前，国际国内经济环境正经历着深刻变化，新一轮科技革命和产业变革孕育兴起，世界科技强国建设已经拉开序幕，全球新一轮科技革命和产业变革加速推进。广深科技创新走廊创新资源集聚发展趋势明显，通过基础设施互联互通作为重要连接轴建设创新走廊是世界上主流的发展模式，发展经验丰富，前景可期。在粤港澳大湾区里打造广深科技创新走廊，是把握科技创新的区域集聚规律、因地制宜探索差异化的创新发展和服务港澳融入内地发展的有益实践。广深科技创新走廊是广东现阶段的重要使命担当，加快建设广深科技创新走廊是贯彻和落实习近平总书记对广东工作重要批示精神的具体行动，获得国家顶层设计的支持，引领珠三角"国家自主创新示范区"建设和带动粤东西北振兴发展的重要抓手，在从中央到地方的多方支持下，必然能够得到充分的落实。

综合来看，不论是在体制机制、投融资、货物等要素自由流动，还是在人才跨境流动和安居等方面，广深科技创新走廊沿线的粤港澳区域融合都具有较好的互补性和一定的融合空间。需要指出的是，目前广深科技创新走廊与国际顶级的创新走廊相比，还存在着高精尖创新资源不足,基础性、原创性、颠覆性创新相对匮乏,粤港澳跨境协同创新体制机制有待完善,城乡环境品质不足以支撑国际化人才和企业的定居需要等一系列问题,这些问题是广深科技创新走廊发展的不利因素,要通过发展推进区域融合就需要重点解决以上问题。综合前文分析,从阶段性和时效性作为推进发展有针对性地解决问题的抓手具有一定的前瞻性和可操作性,在广深港沿线粤港澳区域融合的体制机制等探索的基础上,在跨境合作和各类人才的不懈努力下,广深港科技创新走廊的发展必然能在实践中得以推进,以粤港澳地区的融合推进发展,并以广深港科技创新走廊的发展探索新型粤港澳区域融合试验,以"试验田"功能进一步探索和放大粤港澳区域融合的广度和深度,从而实现服务港澳融入内地发展的顶层思路。

二、湾区西部:粤港澳区域合作的重点区域

(一)基本情况

湾区西部主要是澳门、珠海、中山、江门、佛山和肇庆沿线。从地理禀赋的开放方向看,湾区西部主要是对接澳门和基于中山港的传统制造产业,广佛同城化所体现出的佛山靠向广州发展的倾向性,使得湾区西部佛山的角色较为模糊,佛山更倾向于加入湾区东部和广佛一体化的发展格局。目前,湾区西部除佛山外,还主要以对接澳门为粤港澳区域融合发展的重心;不论是经济体量还是带动性和影响力,除佛山外,湾区西部的5座城市都难以作为中心城市。因此,从区域整体发展和城市群协同发展的层面看,湾区西部尚处于点轴联动的前期,中心点初步形成但还需要一段时间的发展从而产生足够的外溢和联动效应。随着港珠澳大桥的建设完成,香港、澳门和珠海的地理禀赋被重塑,湾区西部的粤港澳融合元素必然会增添更多的香港元素,并且湾区西部中心城市的形成速度会进一步加快,但截至目前,湾区西部的

粤港澳区域融合主要面临的还是服务澳门融入内地发展问题。

由于澳门的经济体量比较小，澳门的发展尤其是产业多元化发展需要融入内地，多种原因促使澳门对于自身融入内地有比较高的积极性。湾区西部的粤澳融合主要问题是由于体量和经济合作活动密度比较小，很多体制机制不健全，并且发展动力不足也使得粤澳区域融合的速度相对缓慢且缺少标志性成果。目前湾区西部的粤澳合作主要面临宏观层面、中观层面和微观层面，共7个主要问题。

首先，宏观层面。一是粤澳合作产业园需进一步向其他片区拓展，广东中山、江门等珠江西岸城市已建立了粤澳合作示范区。但在广东自贸区内部，粤澳合作示范区还主要集中在横琴片区。在工作中，课题组早期接触过广州南沙新区片区的粤澳合作发展规划，虽然外界能够获悉较多的宣传材料，但在实际工作中，由于一系列原因，最终未能落地。深圳前海蛇口片区土地资源有限，深港合作示范区和现代服务业集聚已经具备了相当好的路径依赖模式，粤澳合作的空间很小。因此，在广东自贸区内部粤澳产业合作还需要向其他片区乃至珠三角地区进一步拓展。二是珠海要担当起粤港澳融合和中心城市建设的发展使命，其横琴"境内关外"的功能定位亟须明确。目前，粤澳合作产业园建设发展面临的首要问题是发展的基础环境问题，即横琴"境内关外"的口岸功能实现。横琴口岸设置和通关制度实行"分线管理"以及全岛划定为海关特殊监管区的安排，横琴与澳门之间的口岸设定为"一线管理"，而且广东自贸区被赋予了在重点领域和关键环节先行先试的制度创新权利。但是，一个关键节点的打通只是降低了市场主体的运行门槛，并不会有助于提升市场主体的运行效率。财税政策支撑不足的情况下，市场主体的积极性和能动性依然难以调动。在大陆法系基本约束条件下深度探索"一国两制"跨区域经济治理模式，中央政府可以借鉴早期设立经济特区的改革经验，明确横琴"境内关外"的功能定位，相比于探索各环节的制度创新举措更具备可操作性和突破性。三是湾区西部中心城市粤澳合作模式创新的顶层设计需在粤澳中医药合作产业园和横琴·澳门青年创业谷的基础上加强。粤澳合作产业园即将进入快速发展期，但要避免陷入投资（项目新增和扩建）拉动这一简单逻辑之中。广东自贸区不仅是一个经济开发区，更是一个制度创新高地，要重视制度创新问题。粤澳合作要重点关注合作模式创新，需要顶层设计予以规划指导，为粤澳合作产业园建设发展和可持续的粤澳合作提供完善的政策保障和稳定预期。粤澳合作的目标是促进澳门经济多元化和粤澳深度融合，模式创新和制度创新才是广东自贸区粤澳合作产业园建设发展的最大亮点。以横琴·澳门青年创业谷暂行管理办法为例，粤澳合作产业园建设发展层面缺少明晰的管理办法或条例，"一事一议"的规范性和流程化管理模式相对滞后。监管模式创新滞后于市场主体创新是一个全球性挑战，在市场主体创新能动性不足的情况下，监管模式创新不足会进一步阻碍信息反馈从而影响决策机制的有效性。以游艇自由行为例，在缺乏针对性监管体系的情况下，市场主体的能动性根本无处发挥。在广东自贸区粤澳合作产业园的建设发展过程中，顶层设计问题是亟须解决、尽快明确的重点问题，尤其是中央政府的鼎力支持是粤澳合作成功的重要前提。

其次，中观层面。一是以湾区西部中心城市为主导，依托澳门与葡语系国家的定向联系及沟通机制还需加强，从而提升粤澳合作的内涵和国际化水平。尽管葡语系国家以发展中国家为主，相对于英语、西班牙语，葡萄牙语的应用范围相对有限。课题组也同样提出了对于葡萄牙经济体量和发展水平的质疑，向葡语系国家"走出去"的潜力相对大于"引进来"。然而，不论是"走出去"还是"引进来"，当前中国与葡语国家的经贸往来密切，贸易额达到1000亿美元的能级，中国企业对葡语国家各类投资存量达500亿美元，在葡语国家承包工程合同逾900亿美元。在这种日益密切的经济联系中，澳门角色更加吃重。澳门积累了成熟的商贸网络，拥有大批精通中国、葡语系国家文化习俗和相关法律、财会、咨询等人才。因此，目前亟须在政府间和市场主体间搭建定向联系及沟通机制，政府部门要制订专项葡语系国家商业合作计划，通过粤澳合作产业园这一跨境合作交流平台，服务澳门及葡语系国家企业"引进来"和中资企业向澳门及葡语系国家"走出去"。重点发展几个葡语系国家的第三方招商机构，借助合作招商机构，成立定向的中资企业"走出去"办公室，共同推动与葡语系国家的交流合作。二是粤澳合作需重点对接澳门资金和人口转移，从而以粤澳融合为示范推进粤港澳社会融合。横琴目前并无与珠海主城区的轨道交通接驳计划，根据本课题组长期在粤港澳地区跟踪调研的经验，在珠江西岸地区修建轨道交通成本为6亿元/千米～8亿元/千米，短期内珠海市财政预算提出轨道交通计划的可能性也偏低。相对而言，横琴对澳门的承接更加现实。为切实推动粤澳合作产业园和澳门经济多元化目标的协同发展，粤澳合作产业园要重点对接澳门资金和人口转移。澳门经济适度多元化的实质是澳门企业，尤其是澳门居民能够依靠多元化产业生活发展。这就意味着没有收益保障的澳门产业多元化不是真正的产业多元化发展。纵观全球利益分配格局，资金和人力资本对分配仍然具有决定性作用，这就要求粤澳合作产业园要重点对接澳门资金，乃至于人口转移。

最后，微观层面。一是粤澳合作形式以内资主导澳门团队入驻为主的形式需要反思。目前，粤澳合作形式以内资主导澳门团队入驻为主，合作模式的创新相对不足，究其原因是市场主体的能动性没有被充分调动。虽然横琴的一体化水平已经有了显著提升，但是在商事登记制度方面，澳门企业和人才依然属于境外群体，要受到政策层面较为严格的管制。从根本上来说，横琴一体化是地方或区域协同发展问题，由于跨境原因，这一简单的区域协同发展问题涉及海关、国家安全等一系列中央层级的监管。我国法律属于大陆法系，"一国两制"是制度试验的一种伟大创造，相关法律条文严重缺乏，在用于监管的法律条文相对缺乏的情况下，某些合作领域和合作模式在缺乏监管的情况下，会呈现出不能合法运行的特征。在没有明确的正向指导的情况下，商事登记制度方面的改革创新能够提升效率但并不能解决市场主体的能动性问题。这就直接导致粤澳合作呈现出合作模式创新不足的问题。二是相对开发建设、产业园的产业培育有待加强，要形成以产业推进区域发展、推动粤港澳融合的新发展态势。产业园体现的是产业集聚、集群效应，通过产业园形成的集聚和集群优势才是产业园形成和发展的规律和逻辑脉络。产业适度多元化一直是萦绕于澳门的问题，在澳门赌业持续增长的态势出现了根本性转变的背景下，澳门产业多元化问题才真正成为一个需要解决的问题。"十一五"期间，澳门特区政府便尝试过推动产业多元化转型，澳门的产业多元化最终依然是基于赌业的垂直多元化，水平多元化从未真正地实现过。粤澳合作产业园与澳门多元化的协同发展问题，要根据产业基础和实际需求确定产业园建设发展规划，以免粤澳合作产业园最终成为房地产开发项目或重蹈垂直多元化的覆辙。

（二）合作重点和互补性分析

如果说广深科技创新走廊是粤港澳大湾区城市群协同发展和粤港澳融合创新的核心区域，那么湾区西部就是目前粤港澳大湾区城市群协同发展和粤港澳区域融合创新的重点区域。形象地说，湾区西部在发展阶段性上类似于20世纪90年代的广深科技创新走廊，湾区西部是点轴联动前期的集中体现。综合来看，湾区西部具有广阔的产业发展空间，中山和江门的港口资源极为丰富，传统制造业有一定的发展底蕴，能够承接广深科技创新走廊"三来一去一补"的产业转移，粤港澳地区跨境加工生产合作具有较好的发展条件。湾区西部同样具备口岸出海的资源禀赋优势，加工生产和现代制造能够与口岸功能相辅相成，并且湾区西部的营商环境相对于内地的大多数地区更优，地价远低于广深科技创新走廊沿线，传统产业发展空间更大。从该片区粤港澳区域融合的互补性来看，与港澳地区有明显的发展阶段上的梯度差异,湾区西部的粤港澳区域融合可以采取依托港澳,单方面向内引入和双向互动两种模式。遵循广东自贸区粤港澳区域融合探索的重点工作分类进行分析,主要是体制机制差异较大,互补空间大,可通过单向开放促进区域发展和粤港澳区域融合,湾区西部产业发展为港澳传统产业和企业提供了广阔的合作空间,由于珠海和中山等地地方财政的实力还没完全被挖掘出来,湾区西部反而可以通过内地通道获得投融资便利;由于土地价格和房地产市场价格远低于广深科技创新走廊,湾区西部能够满足更多的社会中层工作人员的安居需要,湾区西部的人才安居条件相对较好,能够为港澳社群提供较好的安居腹地。值得关注的是湾区西部还处于点轴联动的发展中前期,需要重点服务中心城市的发展,塑造中心城市对区域发展和区域融合的带动功能,多点发展和沿途轴线整体开发的思路相对并不适合湾区西部,湾区西部粤港澳区域融合更倾向于市场行为和规划编制两手抓,要重点关注湾区西部粤港澳区域融合的规划编制。

具体来看,体制机制方面,湾区西部的粤港澳合作活动的密度远低于广深科技创新走廊沿线地区,针对粤港澳地区货物贸易、投资便利、服务贸易和专业人才流动的政策以复制推广其他先发地区为主,虽然从政策的质量和政策的运行功效上看,差异并不大,但是湾区西部并未形成政府与港澳资市场主体间的良性互动,沟通协作机制还需要完善,这就使得体制机制合作需要以加速学习和以开放促改革的方式得以推进。在港珠澳大桥开通和珠海大桥经济区、深中通道规划和深中合作区的布局下,体制机制亟须通过开放互补的形式,加速改革,这是湾区西部协同发展和粤港澳区域融合的基础工作,需要前置。投融资方面,湾区西部的传统产业发展基础和传统产业的粤港澳合作空间比较大,且对于广深科技创新走廊沿线地区有较好的承接性,针对传统产业和澳门产业多元化的发展需求,港澳国际化投融资的模式和湾区西部的财力储备有比较大的契合空间,政府财力和金融国际化的支持,有助于粤澳联手拓展葡语系国家产业合作体系。这也是湾区西部发展的亮点工作和标志性工程。货物等要素自由流动方面，传统产业发展对于生产资料的需求很高，尤其是对于服务国际市场的生产加工体系而言，货物等要素的跨境自由流动意义重大，目前中山港、江门港的口岸功能能够满足传统产业的发展需要，但是要进一步推进湾区西部与葡语系国家的合作，珠海横琴新区片区的自由贸易区功能需要被放大，吸收港澳自由贸易管理经验，吸引国际化专业化管理团队，以优势互补共同推进湾区西部区域发展和粤港澳区域融合。人才跨境流动和安居方面，珠海、中山等地的人才引进计划也有一定的力度，虽然与广深科技创新走廊沿线地区的人才政策不可同日而语，但是由于产业发展的差异和区域发展的阶段性差异，相对内地大多数地区，湾区西部的人才政策都是可观的，并且由于土地价格和房地产市场价格远低于广深科技创新走廊，湾区西部能够满足更多的社会中层工作人员的安居需要，湾区西部的人才安居条件相对较好，能够为港澳社群提供较好的安居腹地。广东自贸区珠海横琴新区片区推行了一系列的港澳籍及国际人才的便捷流动和安居管理办法，在湾区西部通过粤港澳地区人口流动促进粤港澳区域社会融合具有更大的覆盖性，能够与广深科技创新走廊沿线的精英人才引进形成较强的互补性。粤港澳地区人才跨境流动和社会融合也是湾区西部的亮点工作和标志性工程。

（三）前景分析

在历经多年的努力之后，湾区西部作为粤港澳区域融合发展的重点区域，其经济活跃程度还在不断提升，实际的影响力也在不断增强。区位上具备的海港、空港，使得其可以成为更加有影响力的重点区域，这对于促进粤港澳地区经济发展、强化各地资源的有效配置、实现市场纵深协作而言，都是很有价值的。尤其在当前"一带一路"倡议的背景下，这种区位互补的优势将会大放异彩。目前，湾区西部还处于点轴联动发展的中前期，在港珠澳大桥通车和珠海大桥经济区建设的背景下，能够更好地发挥港澳作为中心城市的辐射带动作用，通过开放促进改革，并以改革促进湾区西部发展，为湾区西部的点轴联动格局和粤港澳融合发展提供新的空间。综合来看，广东自贸区横琴片区可以作为粤澳融合或一体化的试验区和起步区，在当前情况下，澳门体量更小，更具有试验条件。粤澳融合或一体化要敢于先行，通过放开移民政策，试点将澳门居民逐步迁移到内地，将养老保险、医疗保险等逐步对接，开放针对澳门居民的医疗行业，并逐步试点取消医疗等行业的境内外居民限制。力争在10～15年实现澳门地区和横琴片区的初步一体化，实现人员往来自由、生活便利。在此过程中，广东自贸区可定向引进区域产业合作的优势企业，借力市场主体和葡语系国家建筑规划领域优势资源，试点横琴片区的产城发展 PPP 模式，并力争在 2～3 年内形成制度创新经验，向全国复制推广。

横琴一体化是湾区西部粤港澳区域融合发展的标志性工作，横琴一体化需要重点解决人、财、物方面的融合问题。粤澳合作产业园不仅在规划、建设筹备、发展、用工层面，也要在员工宜居等生产生活方面实现并推动粤澳区域融合的深层目标。更进一步分析，粤澳合作产业园是横琴一体化的先试先行准备，是澳门以外"大澳门"发展模式的集中体现。为进一步探索横琴深度融合，横琴的飞地管理模式可以在横琴粤澳合作产业园先试先行。因此，粤澳合作产业园的飞地建设发展模式要有清晰且明确的定位，这也是粤澳合作产业园在制度层面进行探索的始发点，通过粤澳合作产业园的飞地模式为横琴深度融合积累成功经验，从而进一步推动提升横琴的一体化水平。在全球贸易分工演变的背景下，外商直接投资对于区域发展具有重要意义。在《粤澳合作框架协议》下，粤澳合作也涉及与葡语系国家合作等内容。在横琴建设葡语系国家经贸合作平台和横琴区域融合的大背景下，粤澳合作产业园需要重点关注与葡语系国家的深度合作问题。与香港相比，澳门的经济体量、人才优势和产业基础都比较单薄，仅通过与澳门合作实现粤澳合作产业园的可持续发展难度很大。在粤澳合作产业园建设发展过程中,要更加重视澳门的窗口、平台作用,加大对葡语系国家等外商投资的招商力度。需要明确指出,在现阶段国际化容易被忽视或者作为发展的次优选择,然而高标准的国际化是粤澳合作和横琴深度融合的关键,这是由澳门窗口和平台特点所决定的战略方向上的内在需要。因此,有必要将国际化作为发展战略的核心以及方向的首要选择。需要指出,从园区的规划建设开始深化粤澳合作及葡语系国家合作,是合作模式的起点,外资建设主体可根据实际需要和以往经验达成与境外金融资本的无缝对接。粤澳合作产业园可以根据粤澳产业合作以及葡语系国家产业合作的实际需求,由入园外资企业和外资项目以纵向联合的形式提出定制型的园区建设开发方案。参与规划建设的外资企业可参与对外招商,横琴新区应尽快明确针对招商第三方专业机构的激励措施,并无差异向外资第三方专业机构开放,具体管理可参照管理咨询公司的准入管理和备案办法,如需进一步放开,可针对澳门企业(澳门资本占比超过50%)参照"市场准入负面清单"进行管理。粤澳合作产业园的开发建设和可持续发展要更大限度地调用外商资本的积极性和能动性,这是开放和制度创新的着眼点。粤澳合作模式的进展主要取决于粤澳及葡语系国家市场主体的积极性,在目前监管相对可控的重资产投资领域,开放的步伐可以更大一些,在《粤澳合作框架协议》下进一步深化粤澳合作模式。

在湾区西部中心城市构建的基础上,综合考虑到港珠澳大桥通车、深中通道规划和重点片区的带动性,湾区西部必将形成与广深科技创新走廊的错位发展,并共同形成湾区城市群协同发展的推动力,持续形成动能转换和推动力的动态调节,全面推进湾区城市群协同发展和粤港澳区域融合。

三、湾区东部：依托广深港向外拓展的潜在腹地

（一）基本情况

综合以上分析，广深科技创新走廊的轴线带动格局已经基本形成，深圳作为中心城市，其区域带动性能够服务点轴联动战略，综观湾区东部的总体规划，港深沿线的带动性并未充分被调动。要进一步发挥港深的"中心"带动功能，结合深圳东进战略，可以考虑在湾区东部构建粤港澳区域融合发展的潜在腹地。目前，深圳正面临土地资源的瓶颈和人口总量控制的压力，空间不足已经成为制约各领域发展的普遍性问题，广深科技创新走廊沿线地区也普遍存在着腹地资源有限等"大城市病"问题，并且要转移出不必要的职能，也需要向外侧转移。但是，向广深科技创新走廊沿线转移的空间越来越小，开发湾区东部势在必行。综合均衡发展、辐射带动和基础条件，湾区可依托深圳和惠州粤港澳台合作的基础，东向惠州、河源、潮汕等交通便利地区纵深发展，构建以港深东拓至惠州、河源和至深汕合作区、潮汕等地的三角形辐射带（见图4-2）。

综合来看，依托广深港向外拓展的潜在腹地，构建湾区东部粤港澳区域融合潜在发展区既是现实需要，又是理论创新。湾区东部粤港澳区域融合潜在发展区是粤港澳大湾区协调、绿色、开放和共享发展理念的内在要求，将粤港澳大湾区打造成为全球一流湾区和世界级城市群是国家大事，是中国共产党执政成就和中国特色社会主义优越性的集中体现。粤港澳大湾区建设发展要充分结合习近平同志提出的创新、协调、绿色、开放和共享的发展理念。为此，粤港澳大湾区城市群发展战略不应仅仅以促总量发展为目标，协调发展、均衡发展的意义更为重要。综观湾区周边，湾区西部还在形成有影响力的中心城市的过程中，传统的点轴开发理论足以指导湾区西部规划发展；湾区东部早已形成了广

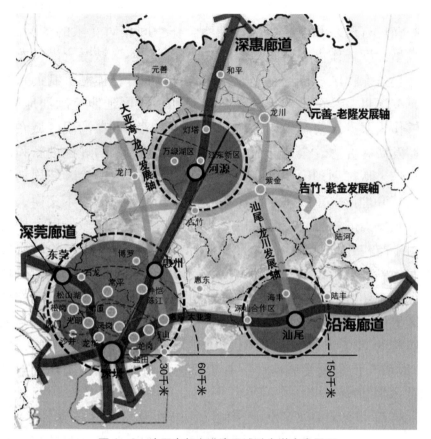

图4-2 湾区东部粤港澳区域融合潜在发展区

州、深圳和香港3座中心城市,广深港科技走廊的点轴联动基础已经形成,湾区东部的规划建设需要更新、更有高度的发展理念。湾区东部粤港澳区域融合潜在发展区可以作为大湾区绿色、协调发展的重要补充;湾区东部粤港澳区域融合潜在发展区是湾区经济阶段发展和粤港澳腹地发展的实践需要。

从湾区总体区位格局层面出发,随着港珠澳大桥通车,深港区位直接接驳的历史格局出现了新的变化,港澳珠通过基础设施被更紧密地连接,港珠澳的湾区西部的深度合作空间已经被打开,但时间尚短,区域中心热点的形成还需要一个发展期。湾区东部依然是物流、人流、资金流、信息流高效流动的核心区域,然而，广深港科创走廊轴线上，主要城市的梯度合作空间越来越小。在现有珠东和湾区西部粤港澳合作空间相对受限的情况下，粤港澳深度合作需要新腹地。湾区东部粤港澳区域融合潜在发展区，具备保税区、机场、产业合作区、深汕合作体制机制创新优势，港深惠一线可延伸至河源，港深汕一线可延伸至潮汕地区，能够作为服务港澳融入内地的新腹地；湾区东部粤港澳区域融合潜在发展区标志着全球一流湾区和世界级城市群的理论创新和理论自信，从规划理论层面，"点轴"开发理论是现代区域规划发展的核心理论，意在基于区域中心城市之间形成的要素交换，构造区域发展的主轴，以走廊的形态辐射带动周边区域发展。构建辐射带与构建"走廊"不同，需要创新"点轴"联动的区域发展和规划理念，以港深东拓方向为支点，在惠州城区、惠州机场到深汕合作区一线，可依托腹地、机场、港口、保税区、合作援建区等优势集中力量建设带动线，形成带动线上各节点之间与港深链接的多条点轴，从而形成粤港合作东拓起步三角区，以"点线面"的规划发展格局，有阶段性地向外扩散，实现辐射带的总体带动性。

目前，湾区东部粤港澳区域融合潜在发展区已经具备了"3+2"和"两廊"发展的基本构建。"3+2"主要是深莞惠大都市区，充分发挥深圳、东莞和惠州中心城区的分工协作优势，依托河源都市区实施"东拓西优，南扩北连"，依托汕尾都市区促进汕尾主城区、海丰城区、深山特别合作区三大组团的一体化发展；两廊主要是沿海发展走廊，引导海洋、石化、港航物流产业和旅游休闲功能向东部沿海地区集聚，强化海陆统筹发展，深惠河发展走廊通过推进传统制造、电子信息等产业向惠州、河源疏解，增强深港中心城市对外侧地区的辐射带动作用。

（二）合作重点和互补性分析

湾区东部广深港外侧区域是目前粤港澳大湾区城市群协同发展和粤港澳区域融合创新的潜在腹地。综合来看，相对湾区西部，湾区东部粤港澳区域融合潜在发展区可以更便利地承接广深科技创新走廊转移出的关联产业，并且湾区东部粤港澳区域融合潜在发展区具有相对湾区西部更低廉的土地价格，能够服务产业发展和安居需求。综合来看，湾区东部广深港外侧区域生态环境更好，适合打造宜居宜业的腹地发展区，并且该腹地能够在服务港澳地区融入内地的基础上，结合惠州等地产业基础，融入粤台地区合作元素。在服务港澳地区融入内地的基础上，探索体制机制与保障制度创新，结合深圳龙岗、惠州开发区等地粤台地区产业合作基础，组织专项研究制定粤台产业合作发展规划，探索将粤港澳深度合作的体制机制与保障制度覆盖到粤台合作领域。将湾区东部绿色创新辐射带打造成为粤港澳台地区融合发展的新标杆。从该片区粤港澳融合的互补性来看，依然可以遵循广东自贸区粤港澳区域融合探索的重点工作分类进行分析，主要是体制机制改革能够以单向开放和学习实现全面推进，广阔的产业合作和经济发展空间为跨境投融资提供了新的选择，粤港澳大通关体系可以在深山特别合作区推广复制，粤东西北倾向性的人才补给政策能够为风险偏好者提供创业就业的舞台，该片区甚至可以沿袭"三来一去一补"的早期发展思路，粤港澳区域融合更倾向于规划编制，以规划和行政手段推进湾区东部粤港澳区域融合潜在发展区，为粤港澳台地区融合提供潜在的腹地支持。

具体来看，体制机制方面，该片区与深港澳地区的差距非常大，完全可以通过单向的开放和学习的方式，复制推广深港地区的体制机制，以沿袭者和后来者的身份，推进体制机制改革，提高体制机制改革的效率，全面促进粤港澳地区跨境投融资、货物等要素自由流动、人才跨境流动和安居方面的体制机制改革。投融资方面，湾区东部粤港澳区域融合潜在发展区近乎是产业体系的空白发展区，虽然在规划和政府报告中这一片区在石油化工、海洋产业、电子信息产业具有一定的发展优势，但在调研中，人们普遍能够感受到这一片区的产业体系发展水平甚至落后于内地的二、三线城市，产业体系的完备程度相对较差，投融资空间非常大，这为粤港澳地区跨境合作和产业发展提供了广阔的腹地资源。随着深汕高铁的通车和各节点布局的推进，由深港通往湾区东部的便捷交通网络已经逐步形成，能够满足物流、人流的快速流动需要。广阔的腹地资源和便捷的交通网络形成了极强的互补发展优势。货物等要素自由流动方面，深汕特别合作区和惠州机场具备保税区功能，能够实现粤港澳地区跨境货物等生产要素的联运，相对较为薄弱的产业基础，目前的物流承载能力足以满足该区域的产业发展和粤港澳融合发展的需要。人才跨境流动和安居方面，深汕特别合作区能够覆盖深圳和广东粤东西北的两套人才补贴政策，并且深汕特别合作区在粤港澳人才跨境流动和国际人才跨境流动方面能够获得深圳政策的全覆盖，不论从便捷程度还是从跨境人才流动的吸引力上看，都有一定的竞争力，河源、汕尾等地能够获得广东省提供的粤东西北人才倾向性补贴，并且当地土地价格极为低廉，从人才跨境流动和人才安居两方面看，都能够承载港澳台地区等国际化人才的发展需要。

（三）前景分析

湾区东部广深港外侧区域可以作为粤港澳区域融合发展的潜在腹地，其产业合作发展空间巨大，生态环境优美，宜居宜业，同时具备机场、码头和保税区联动发展优势，在巨大的合作空间基础上，预计该片区能够成为粤港澳区域发展的潜在增长极。目前，湾区东部粤港澳区域融合潜在发展区尚缺少中心城市，完全脱离了当今主流的点轴开发逻辑，甚至可以沿袭"三来一去一补"的传统发展思路。该片区的区域发展和粤港澳区域融合更多地体现了均衡发展和绿色发展的思路。该片区的发展需要借鉴先进地区的发展经验，尤其是先进地区存在的问题要提前规避，合理确定发展规模、合理规划空间结构、高标准建设中心区、推进城乡统筹发展、集约节约利用土地资源。在此基础上，优先发展先进制造业，提升传统产业的发展水平，大力发展旅游业，加快现代服务业和现代生态农业。预计该片区的集中规划必然可以推进区域发展，使得该片区加快融入珠三角产业分工体系，推进珠三角与粤东产业转移的承接，促进与粤港澳台地区的区域合作。

综合来看，广深科技创新走廊、湾区西部和湾区东部粤港澳区域融合潜在发展区处于完全不同的3个发展阶段，3个区位的发展重点不同，对粤港澳区域融合的推进方式也有所不同，一方面，体现了湾区粤港澳区域融合的错位发展特征；另一方面，通过错位发展能够更加高效地全面推进粤港澳区域融合。在空间布局和错位发展的基础上，以应对实践中出现的新问题为抓手，深入推进粤港澳区域融合的制度性探索，并通过先试先行和逐层复制推广更高效地推进粤港澳地区深度合作。

第五章　广东自贸区促进粤港澳区域融合的制度性探索

一、贸易便利化与跨境贸易合作

广东自贸区于 2015 年 4 月正式挂牌，至今已运营两年。对标国际最高标准，推进贸易便利化是广东自贸区改革的重要工作。自贸区的贸易自由制度是促进贸易便利化的重要基础，也是促进贸易便利化的助推器之一。广东自贸区自设立以来，在贸易便利化制度方面做出了一系列改革和创新。贸易便利化最早的主要任务是通过建立与各国的双边贸易体系来降低国家间互相贸易往来的交易成本。实际上，贸易便利化是一个持续变化发展的概念，贸易便利化最狭义的含义就是指国际贸易的文件和程序系统的合理化，后来扩展至贸易交易中的规制措施以及发生的环境的规范化。随着贸易便利化越来越重要，它的含义也受到各类组织的积极关注[1]。贸易便利化对于全球经济和国内经济的进步都有促进作用，贸易便利化的基本措施是通过缩短贸易流程、降低货物流通消耗的时间来节约贸易成本。贸易便利化主要有四个方面的要求：一是贸易手续的简化；二是贸易法律法规的协调；三是基础设施的改进和标准化；四是信息技术的有效统一。以贸易便利为目标的贸易便利化措施既包括贸易管理制度的协调，也包括基础设施的建设；既包括国内各部门间，也包括国家间及国际组

---

[1] 张光南，黎叶子，伍俐斌. 粤港澳服务贸易自由化"负面清单"管理的问题与对策[J]. 港澳研究，2016（2）.

织间相关制度、技术与信息的交流和协调发展。这些措施可能具体体现为贸易法规环境的治理、监管制度的协调以及贸易过程中相关环节的发展等。

近两年来，广东自贸区发展和贸易便利化改革已经取得了显著的改革成效。2016年，广东自贸区拥有企业数量已经达到7.7万家，致力于打造重要的对外开放枢纽，推动形成国际贸易中心、国际航运中心、国际金融中心以及高水平的国际化城市。广东自贸区涵盖广州南沙新区片区、深圳前海蛇口片区和珠海横琴新区片区。三大片区各自地理位置和区位优势不同，各片区产业布局各有侧重、功能各异，特色鲜明。广东自贸区特殊的定位决定了其作为贸易便利化改革先行地的必然性，其独特的区位优势、优惠政策，为其自身贸易便利化制度建设提供了充足的动力。从服务国内经济的角度来看，贸易便利化能够使出口商、进口商以及消费者都得到好处，鼓励国内企业提高参与国际市场竞争的积极性，刺激国内经济增长。如果一国的贸易政策便利化程度高，这个国家就很容易吸引大量的外国投资，这对于国内经济的发展也是一个巨大的推动力。可以说，贸易便利化制度建设已经有效促进了我国贸易便利性发展水平的全面提升。广东自贸区作为改革开放"试验田"，以开放倒逼改革，拉动了中国改革的进程。从自贸区建设及推动的路径来看，2013年7月，国务院常务会议确定了"一次申报、一次查验、一次放行"的改革方案，以促进便利化措施的实施，并逐步在各地口岸试点。2015年4月8日，国务院颁布了《关于印发中国（广东）自由贸易试验区总体方案的通知》（国发〔2015〕18号）等文件，确立了广东自贸区的功能与权责。2015年4月，国务院常务会议确定贸易便利化的改革由"推进试点"向"全面推进"开展，进一步提高全国的贸易便利化水平[①]。由此，这一系列法律法规的

---

① 吕洪财，奚浩瀚.广州海关助力自贸区"放管服"改革［N］.国际商报，2016 – 08 – 23(2).

发布，也为广东自贸区贸易便利化制度的建设提供了法律依据。这些先进的措施和政策的颁布，为发展提供了十足的动力，也为我国顺利实施《贸易便利化协定》营造了良好的法治环境。

早在2015年广东自贸区设立之时，国家质检总局、海关总署以及广东海关、广东省商务厅等广东地方机关就颁布了一系列的地方法规和部门意见，对贸易便利化的某一特定方面或制度进行了细化推动。直到2016年4月，广东省自贸办印发了关于促进贸易便利化若干意见的通知，贸易便利化正式出现在条例名称当中。该条例以降低国际贸易成本为核心，制定了从监管、实施保障到具体措施一系列机制来促进贸易便利化改革。为了进一步总结自贸区建设经验，广东省公布了《中国（广东）自由贸易试验区条例》（以下简称《条例》）。其中，"一园多区"的监管模式是广东自贸区首创，极具地方特色。广东自贸区管理机构包括："省自贸试验区工作办公室"（省办公室）、"自贸试验区片区管理机构"（片区管理机构）与"省人民政府及其有关部门"（省政府及部门）。"一园多区"模式是在充分考虑广东自贸区的具体情况下提出的，能很好地适应自贸区整体的发展现状。在不破坏片区各自管理体制的情况下，增设片区管理机构。既减轻了省政府的管理压力，也保持了片区的原有活力。《条例》的颁布对广东自贸区的意义重大，可谓是广东自贸区"基本法"，称得上是广东自贸区法制建设的里程碑。与其他各地自贸区条例相比，《条例》有以下三大特点：一是粤港澳地区深度合作的区域特色。单列粤港澳地区合作的章节，明确规范在广泛领域加强粤港澳深度合作。二是突出了鼓励创新的特色。这是该条例最大的特色，鼓励创新贯穿整个条例。不仅把鼓励创新的主体扩大到个人、企业，还设置了创新贡献的奖励。三是设立了反向考核的条款。实施各片区管理机构的评分机制，还将其评分结果纳入政府部门的年度考核。

广东自贸区进行贸易便利化改革涉及贸易的全部环节，也贯穿了这些环节中涉及的各部门。从《条例》分析，贸易便利化领域创新案例 20 项：包括实行境外投资者主体资格证明承诺制、探索差别化土地供应新模式、社会投资类建设工程项目审批管理新模式、粤港澳地区职业资格互认、全国首创 V–Tax 远程可视自助办税平台、实施跨境电商货物"先放行入区、后理货确认""全球中心仓"监管模式、原产地证智慧审签、无人机在检验鉴定中应用、简化航行港澳小型船舶正检手续、出入境船舶通关无纸化等[1]。各部门间也积极响应贸易便利各方面要点进行创新和改革，海关方面，其中包括 3 个片区海关加大（Authorized Economic Operator，AEO）互认、企业协调员实施力度，确保国际贸易便利规则能够在企业发展过程中充分发挥自身效用；确保海关占据主导发展地位，企业能够自主加入到行业自律发展过程中，由中介机构参与开展相关海关稽查工作。通过打造完善配套措施，为企业创造更为守法便利的条件。口岸效率评估工作开展从通关效率、贸易成本、清关手续等方面体现出来。想要确保贸易便利性发展水平得到全面提升，广东海关在相关改革阶段内，不断完善监管制度，以达到预期发展效果[2]。南沙片区首先组织开展"互联网+易通关"改革，确保改革能够满足零耗时、零跑动、零成本的要求，进而使通关时间能够满足发展需要；前海蛇口片区根据响应顺序，完善"安全智能锁"和"智能化卡口"措施制定，通关时间能够节约大约 4 小时；横琴片区积极开展口岸创新活动，开展联合执法改革。通过走"一机一台、合作查验、分别处置"通道，通关环节数量有所降低，通关效率提升 30% 以上。从目前发展状况来看，受相关政策影响，企业可以在相关项目中进行自主选择，同时确保相关工作开展能够达到无纸化发展要求。

口岸方面，广州南沙新区片区、深圳前海蛇口片区均已打造"单一服务窗口"，3 个片区海关与检验检疫都能够达到深度合作

---

[1] 周焕月. 自贸区建设给广东经贸带来的契机 [J]. 北方经贸，2017（6）.
[2] 胡婉茜. 中国自由贸易试验区法制建设探析 [D]. 苏州：苏州大学，2016.

的发展状态。尤其在南沙片区、横琴片区之间推进信息互动，监管人、执法互助通关方式。口岸通关方面重点在于对通关程序的简化，为货物通关、人员通关提供协调、透明、可预见的良好环境。切实落实了贸易便利化的宗旨。广东自贸区口岸功能的整体提升需要将通关效率、手续、合作机构等因素全面考虑在内[①]。区内大通关体系建设已经获得了成功，该体系是以贸易便利化为导向，透过口岸机构合作，国际贸易"单一窗口"正在落实。在通关一体化的建设背景下，"互联网+易通关"的措施也正在推动实施。透过"智检口岸"和"智慧海事"平台的建立，逐步实现《条例》口岸智能化、便利化改革的要求。

　　为服务粤港澳地区货物贸易一体化发展和服务贸易自由化，在以上改革的基础上，广东自贸区专门推行了一系列针对港澳的贸易便利化重点改革。陆路跨境快速通关，采用跨境快速通关和先入区后报关模式；按照"保障安全、合格假定、强化合作、服务自贸"的原则，创新"CEPA食品"检验监管模式；与港澳商会合作，以港澳商会为纽带，通过诉前信息共享、诉中联动调解和诉后执行协调制度。建立"前店后仓"运作模式，建立港资港企港货交易中心，设立外商独资国际船舶管理企业，建立粤港检测结果互认合作机制，创新深港国际海员管理与服务，与澳门要素流动更加便捷。实现横琴口岸24小时通关。率先在横琴口岸启动"一机一台"改革，创新关检合作和通关模式，提升通关效率30%，方便珠澳人员往来。实行澳门小商品简化归类，集中申报、分批出境，推动货物贸易便利化。积极落实《珠海口岸查验机制创新试点方案》和《珠海口岸查验机制创新试点工作实施方案》，争取对内地、澳门居民探索实施"进境查验，出境监控"的单向检查试点，促进快速通关。澳门单牌车便利进出横琴政策即将落地。港澳游艇"自驾游"取得积极进展。

---

① 张李源清，莫超巽. 破除粤港澳自贸"玻璃门" [N]. 中国经济时报，2014-12-26 (7).

制定横琴片区港澳及境外高层次人才认定办法，争取扩大人才来往港澳"一签多行"实施范围，实现粤港澳地区服务人员职业资格互认，推进粤港澳地区服务业管理标准和规则相衔接。在全国首发移动通信和上网资费大幅降低的"横琴卡"。

口岸通关效率明显改善，体现了广东自贸区通关规则与国际高标准规则的相对接。广东自贸区成立的时间尚短，其各方面发展都还在不断探索，在改革中也存在着一些有待提升的空间，广东自贸区口岸通关建设有很多创新成就，但与发达国家相比，还存在很多问题。其中，贸易便利化制度自身存在很多不足之处。如法律法规体系不够健全，国内立法庞杂，对诸多事务法律依据不明确；监管机构设置不合理，各部门之间职能划分不明确；具体实施制度方面不够完善，整体体系构建不足。比如，通关电子信息平台尚未建立完全，还无法全面实现申报无纸化的标准。少部分口岸审核通关还只能凭借纸质单据的提交，不仅极大地浪费了资源，还增加了贸易的成本，也使通关手续耗时更长，在此环节耗时长，也间接地加重了贸易商的成本。除此之外，在货物贸易领域，广东自贸区目前进出口货物清关远未完全实现电子化处理。而且，一些创新制度在具体实施过程中也暴露出不适应广东自贸区的实际情况、无法真正落实等各种问题，导致口岸通关成本久居高位难以降低。广东自贸区的海关监管制度也有一些弊端。一方面，广东自贸区的海关监管部门分散，导致监管职能分散，各监管部门无法形成综合监管机制，不能保障贸易便利化的良好实施；另一方面，海关监管的效率虽然略有提升，但其监管环节过于烦琐导致监管工作效率总体偏低，不仅会影响高效的通关环境的形成，而且会对贸易便利化造成一定的阻滞。

二、投资便利化与跨境联营试点

自贸区的建立是国家构建开放型经济新体制的战略部署和重大举措，也是应对国际贸易投资新规则挑战的战略安排，除贸易便利化外,投资便利化也是构成自贸区制度创新和政策变革的核心。在新的全球化环境下,投资的重要性已经在某种程度上决定着一个区域发展的质量和国际化水平。为此,各国积极寻求能简化协调国际贸易和投资制度的手续,以期通过降低交易成本、提高投资绩效来增加投资利益,于是投资便利化便成了世界共同关注的议题。我国投资便利化水平虽然整体水平位居全球中上游,但在简化、协调、透明等便利化要素方面,同国际先进水平相比,仍存在着水平和结构性差距①。从目前发展状况来看,广东自贸区依托港澳等区域,开展了产业升级、制度的开放创新以及各地协同发展等一系列改革举措。《广东自贸区总体方案》明确提出,广东自贸区要作为粤港澳深度合作的重要推动力,从粤港澳深度合作角度来看,虽然 CEPA(《关于建立更紧密经贸关系的安排》)在十余年的发展历程中,为满足粤港澳地区互惠互利发展需求打下了坚实的基础。但 CEPA 在具体实施阶段内,事实上未能达到预期发展效果,而且准入条件相对很高,法律制度也未能满足全面发展需要②。直至广东自贸区"负面清单"推行,才实现了对 CEPA 的有效升级转型,同时也为相关投资活动指明了发展方向。

2015 年,广东省政府颁布《中国(广东)自由贸易试验区外商投资项目备案管理办法》(以下简称《办法》),相关的政策与改革逐步落实,包括负面清单、审批备案制等,以上举措使投资便利化水平得到了大幅度的提升。负面清单有助于吸引更多的港澳资企业来广东投资,也有利于打造高效、规范、国际化的自贸区。目前,针对港澳资,广东自贸区在上海经验的基础上,进一步降低和取消了对外商投资者的市场准入门槛和限制,针对制造业、金融业等行业的开放程度不断提高。此外,一方面,广东自贸区注重负面清单的透明度,对区内企业详细列明负面清单限

---

① 林珊,林发彬. 贸易投资便利化与全球价值链需求的对接——以福建自贸试验区为例[J]. 亚太经济,2017(9).
② 张宁. 广东自贸区金融改革创新的几点思考[J]. 新经济,2015(12).

制条件，梳理和取消了一批准入后限制性规定；另一方面，自贸区政府加强负面清单的前瞻性，采用联合国产品分类编制负面清单和国民经济行业分类，与商事登记相衔接，这为推动自贸区投资监管，构建国际化标准提供了规则支撑。

中央政府试图通过广东自贸区改革，强化粤港澳地区深度合作和区域融合，自广东自贸区正式进入运行阶段后，广东自贸区通过行政管理体制创新推进了一系列的投资便利化改革，行政审批也逐步满足了标准化、信息化建设的要求。整个过程中，由于采用电子化登记及电子营业执照发放模式，逐步形成了"一站式"服务，全面提升了粤港澳跨境合作的商事登记效率。广东自贸区挂牌之后，"一证三号"营业执照办理在全市场领域内得到有效实施，港澳资企业注册流程得到了全面简化。广东自贸区正式实施了外商投资准入特别管理措施，外商投资能够享受"准入前国民待遇"，并采用负面清单模式开展相应管理活动，避免外界因素对项目发展造成不良影响，同时使管理开放性与透明程度得到全面提升。负面清单领域内的活动需要按照要求进行备案，同时将外商投资企业合同章程审批调整备案制。负面清单管理模式不仅代表开放性，同时有利于构建规范化清单压缩机制，开放程度也有了显著提升。值得关注的是，广东自贸区发展过程中，"一口受理平台系统"也在港澳投资范畴得到有效应用，使得内地对接港澳投资走上了标准化和国际化之路。同时，利用相同的表格、材料等对企业资格进行有效审核，审核通过以后，统一进行证件发放，港澳资企业的商事可操作性全面提升。在相关措施作用下，港澳资企业在进驻内地过程中，商事成本被大幅度压缩。从办理时间上看，最初需要 20 天左右的准备期和等待期目前已经可以压缩到 3 个工作日以内。为了使外资企业、港澳台商落户手续更为方便，"一口受理系统"还实现了与不同平台的有效对接。整个过程中，数据的实时传输需求也得到了满足，企业的商事事务受理完成以后，无论是纸质还是信息数据等，都能够满足企业信息共享发展需求。举例而言，一方面，

"三证合一"中的最新营业执照发放也可以直接进行办理；另一方面，"互联网+"行政服务新模式逐步形成，整个阶段内，可以提供"一网揽尽"模式的全方位服务，通过开展系统试点活动，确保相关业务流程被大幅度压缩，便利化水平显著提升。

广东自贸区还全面推行了行政审批事项网上在线申报流程，同时对线上APP进行优化，包括互联网办事大厅的推出，也大大提升了企业商事工作办事效率。对于港澳资投资管理体制而言，广东自贸区通过简化港澳资注册企业申报手续，实施资本认缴政策，并将对应的企业年检信息有效整合，构建统一信用监管机系，使信息共享平台所具备的优势全面发挥出来，同时，组织、个人、社会机构等可通过政府信息平台查询所需资讯和数据，创造良好的营商便利条件[1]。广东南沙自贸片区深化"放管服"改革，建立了一体化的审批机构，并且构建了综合受理"单一窗口"平台，不仅审批规模大，审批效率也有所提高。广东自贸区还实行了自主申报和注销登记制度，这简化了设立企业和企业破产退出市场的程序，激发了创业者的创业积极性[2]。不仅如此，广东自贸区实现了"一照一码一章一票一备案"在一天办结，全面实行放"放管服"改革。相比以前，这一举措的实施更有利于形成更加开放高效的投资管理制度，逐步提高投资便利化水平。

从市场监管层面看，广东自贸区深圳前海蛇口片区在全国率先取消"户外广告登记证"，户外广告发布单位在符合法定条件的前提下，在履行完发布前相关审批手续后，可直接发布户外广告，工商行政管理部门免于登记。横琴片区推动社会投资类建设工程管理模式创新。广东自贸区优化"建设工程规划许可证"审批流程，对于政府投资的房屋建筑类项目，项目方在规划设计

---

[1] 湛立，吴勇，尹怡然. 广东出台首个自贸试验区知识产权工作指导文件[J]. 广东科技报，2015-10-16 (9).

[2] 陈豪光. 广东自贸区设立对广东航运业发展的影响及对策研究[J]. 南方论刊，2015 (8).

方案获批后，承诺制作施工图时不改变规划方案要件，即可提前核发"建设工程规划许可证"，施工图审查合格证不再作为核发"建设工程规划许可证"的前置条件。深圳海关实施前海蛇口片区企业重点培育计划，建立企业协调员制度，对区内符合条件的企业提供专门的"一站式"服务，协调解决企业通关疑难问题。广东自贸区珠海横琴新区片区制定市场违法经营行为提示清单，整合现有的法律法规相关条款，制定了1748项工商行政违法提示清单，提示所有市场主体违法风险，同时设计了专门的软件方便查询，使企业可快速查询到经营的"雷区"和"红线"。广东自贸区推动企业专属网页建设。目前，广东自贸区3个片区企业专属网页已汇聚省、市、区面向企业事项940项，划分21类目标，为企业进行个性化行业审批服务推送、证照过期提醒、政务资讯关注精准推送。税收服务：在全省复制推广的改革创新经验有"互联网+"税收服务、国地税联合办税、税务网上区域通办、税银合作"税融通"、网上申领普通发票速递免费配送、代开专用发票邮寄配送服务、"开票易"电子发票、免费推行CA发票。此外，广东自贸区前海蛇口片区全面推广无纸化办税；横琴片区推行小规模纳税人简并征期，独创V-Tax新型办税服务模式，利用远程可视自助办税，解决了必须到前台的业务办理问题，该模式在2016年9月向横琴全面推广，其终端机未来也会分布到北京、上海、香港、澳门等地以及部分银行。自2015年第二季度后，"信息孤岛"问题已经被逐步解决，广东自贸区三大片区管委会通过采取有效措施，推进公共信息平台建设，以确保"碎片化"监管的原始形态被打破，大大提升了市场监管的效率和广度。同时，为了确保数据信息共享需求得到企业、政府和个人的实践应用，自贸区政府推出了百余项的主题及处罚内容，确保政府"一张网管理"目标与改革能够有效实施。在此基础上，广州海关将与市场监管部门深化合作，确保能够满足"守信路路绿灯，失信处处受限"的发展需求。

从定向服务港澳、融入内地发展层面看，广东自贸区深圳前海蛇口片区率先成立了对接香港、服务香港市场主体和社群需求的香港处，借鉴香港公司注册处、工业贸易署等政府部门网站的设计思路，在申报入口提供详尽的问答指引，帮助企业快速了解相应事项的内容、适用范围、办理条件、注意事项等。在外商投资一口受理模块中，通过行业负面清单比对和经营范围自主申报两项智能辅助措施，帮助企业一次性通过经营范围核准，提高审批效率，提升企业满意度。为削弱跨境沟通壁垒，提升外资企业办事效率，管理局还发布了《前海蛇口自贸片区管委会关于外商投资企业设立及变更备案管理的公告》，制作了相应的操作流程供企业参考，并根据商务部和深圳市经济贸易和信息化委员会发布的通知和公告，结合片区实际进行了相应的调整，及时告知前海蛇口自贸片区企业外资备案办法的调整和系统的更新。广东自贸区前海蛇口片区全面实施了惠港"万千百十"工程，明确前海1/3的土地面积向港企提供，开通港企"直通车"，为港人港企提供高效便捷的服务，汇丰、恒生、东亚、嘉里、周大福、港铁、金银业贸易场等一批标志性企业落户，前海香港商会正式成立，港货中心一期建成营业，注册港资企业达2783家，对前海增加值的贡献率超过20%。5家粤港合伙联营律师事务所（全国共7家）落户自贸区。为吸引香港科技创新与创业人才前海集聚，在港举办有1000名政商各界人士参加的促进深港合作政策宣讲会；全年接待6300多名香港大中学生和青年代表参观考察；268名香港大学生在前海管理局及入区企业实习；52个香港创新创业团队进驻青年梦工场，其中留英归港青年陈升团队，在前海青年梦工场创业不到一年，即获首轮融资5000万元，在香港引起较大反响。

三、金融市场化与跨境金融合作

广东自贸区成立后，自贸区一方面持续进行金融制度的有效创新和尝试，包括新市场建设、新投融资模式、新金融渠道改革等；另一方面透过技术发展，逐渐打造金融现代化、快速化、低风险化的发展环境，从实际发展来看，现代信息技术的成功应用已经对传统群众生活方式造成极大的影响，不仅打造了新的金融业态，同时也为金融创新活动开展打下了坚实的基础。实践中，自贸区政府为了满足金融创新需求，避免金融领域开放所带来的风险，试验了各种政策，为粤港澳地区金融合作打下了坚实的基础。2013年前后，"互联网金融"一词正式出现，并很快成为金融市场领域的热门主题。越来越多的金融创新业务使传统结构性矛盾问题得到有效解决。在自贸区承担较大金融安全风险压力的状态下，只有开展持续性协调活动和改革创新，才能确保对应发展目标最终实现。广东自贸区在互联网金融蓬勃发展的过程中，自身具备一定优势条件，同时也可以与其他自贸区进行优势互补。以前海为例，深圳前海蛇口片区在新金融和类金融的表现上，成绩不俗。据前海管理局提供的数据，截至2017年8月底，深圳前海蛇口片区累计注册金融类企业已经超过57000家，其中，213家有金融营业牌照，商业保险、融资租赁业务规模分别位居国内第一和第三，目前也是全国范围内金融机构数量最多的区域。广州南沙自贸片区挂牌以来，金融企业数比挂牌前整整提升了14倍，本外币存贷款余额也整体增长了40%。通过金融开放及相应的有效措施，广州南沙自贸片区引进重大金融项目数量已经达到56个。目前，南沙已初步形成"一核双辅"的金融功能区规划，即以明珠湾区起步区为核心集聚国际金融要素，加快建设南沙自贸片区现代金融服务体系和融资租赁产业集聚区。

2015年年底，《人民银行关于金融支持中国（广东）自由贸易试验区建设的指导意见》（以下简称《指导意见》）（银发〔2015〕374号）正式印发，共计制定了3项总体原则，分别是坚持金融服务实体经济、坚持全面推进金融创新活动、对粤港澳金融合作项目发展投以较高关注度，并针对几个关注度很高的问题，如人民币的跨境使用等提出相应发展路向，在突出自身所具备的指导性地位的基础上，《指导意见》也更为细致化地对广东自贸区建设和金融改革提出了更为细化的要求。自贸区开展金融创新活动主要是间接地为企业发展提供服务。在考虑粤港澳地区特征的基础上，以实体经济发展为核心，共同为满足相关实体经济发展需求打下坚实的基础。对于需求主体而言，最大的差别体现在金融服务模式所具备的多样性发展特征上，相关阶段内，差异性金融需求往往也需要成为重点关注的内容。为此，广东自贸区要发挥在金融等深水区领域改革的示范引领作用和"试验田"功能。从金融领域的改革层面看，粤港澳金融改革进入新阶段，其一，粤港澳地区通过全新合作机制建设，确保为粤港澳跨境人民币业务创新活动开展做好充分准备；其二，在提高服务贸易开放的基础上，双方维持稳定的人民币融资活动，以避免市场波动风险；其三，双方携手推进贸易区金融创新活动，在打造健全的金融产品互认、资金互动发展模式的基础上，确保联动机制能够全面发挥出来，为粤港澳投融资汇兑工作开展创造良好的便利条件；其四，针对粤港澳海内外账户进行创新管理研究，并协同建设面向港澳的交易平台。

目前，广东自贸区的各项金融创新政策都能够对金融发展起到良好的促进作用，包括扩大跨境人民币结算业务、实现人民币资金池的建设、外汇投资登记简化手续的办理等，这些改革往往可以在金融服务发展过程中起到十分关键的作用。广东自贸区可以更好地为跨境人民币结算业务发展做好基础准备。广东自贸区面向港澳的先天优势，透过简化登记手续和办理流程、向港澳资开放部分金融领域、对粤港澳跨境融资等活动的开展给予最大化支持，都有助于自贸区金融领域的改革和发展。不仅如此，在港澳地区进行负面清单建设的同时，金融开放将推动包括大宗商品发展、开展现货交易活动、建设全新交易平台，使传统金融与互联网金融发展满足自贸区建设发展需求。目前，广东自贸区通过粤港澳跨境金融创新，为港澳居民跨境住房按揭业务累计收汇超过1.5亿美元，企业申请备案的跨境人民币贷款业务超过25.6亿元。全国率先开展跨境车辆保险业务，莲花大桥穿梭巴士受理跨境金融IC卡，金融产业蓬勃发展。从实践来看，只有持续进行金融创新，才能够切实地推进粤港澳地区金融跨境合作和粤港澳区域融合。实践抓手主要包括：一是不断推进人民币创新业务持续发展；二是确保粤港澳服务贸易自由化发展水平得到全面提升；三是促进粤港澳跨境投融资便利性增长；四是使构建的全自贸试验区金融风险防范体系的效用能够全面发挥出来。

在服务实体产业方面，港澳累积了多年金融服务的经验，通过满足市场及企业发展需求，推进金融创新，结合广东自贸区建设，有助于粤港澳合作走向新的高地[①]。市场与企业的微观运作对于广东自贸区而言，是创新金融改革理念的主要渠道。自贸区必须把握好金融改革的尺度，确保降低风险发挥改革效能。目前，港澳企业拥有良好的市场敏感度，政府必须从企业及市场发展的角度入手，强调相关诉求表达的重要性和即时性，同时在不断累积发展经验的基础上，确保政府所具备的协调作用可以全面发挥出来。现阶段，广东自贸区所开展的金融制度创新活动已经进入了"底层构建"发展阶段，是全国范围内第一个推出跨境金融IC卡项目受理的地区，同时在满足相关发展需求状态下，有针对性地开展相关融资活动。此外，广东自贸区持续进行金融制度创新基础改革，要推进相关条例落地和问责机制尽快落地。综上所述，广东自贸区大胆创新，推进金融体系深化改革，一方面为满足广东自贸区发展要求做好充分准备；另一方面，通过相关的改革举措，确保金融服务体系效用能够全面发挥出来。

四、科技创新与创业跨境合作

与传统的自由贸易区相比较，广东自贸区的建设不能只是考虑贸易便利化、投资便利化和金融领域的改革，同时也要考虑服务区域引领和区域发展动能转换问题。粤港澳大湾区和粤港澳区

---

① 宋振凌. 对广东自贸实验区金融制度创新路径的探讨[J]. 法制与经济，2017（12）.

域融合要在发展的基础上相融，区域融合是发展的结果，这就需要关注创新问题。在持续开展科技创新活动的基础上，确保广东自贸区自身所具备的制度创新功能可以全面发挥出来。党的十八大以来，广东省委省政府全面贯彻落实党中央关于创新驱动发展的战略部署，把创新驱动发展作为粤港澳区域发展的核心战略、优先战略和总抓手，全省上下呈现出"大众创业、万众创新"的生动局面，市场主体的科技创新活动空前活跃。据统计，2015年，广东全省范围内共有9000多个企业参与科技研发项目，同比增长21.29%。其中，达到规模企业研发投入增长达到23.6%[①]。2016年，广东创新发展水平再次得到全面提升。据统计，2016年，广东全省范围内科研经费支出所占比例已经达到2.58%，发明专利的有效件数也超过了16.8万件，基本达到创新型国家和地区水平。国家重点实验室、工程技术研究中心、工程实验室、企业技术中心等国家级创新平台已经达到200家以上；科技企业孵化器达634家，在孵企业超过2.6万家。在创新驱动的战略指引下，广东自贸区不断扩大开放程度，狠抓科技创新和创业孵化工作。

从区域分布角度分析，广东省科技创新型企业大部分集中在广州和深圳两个城市，而且发展不均衡问题相对较为明显。除了风险压力较大外，技术水平所发挥的影响作用也相对较为关键，在有形资产影响作用下，相关因素往往会对创新型企业发展造成极大的不良影响。广东自贸区制度创新的红利为科技企业发展创造了无数商机，在发展过程中，在全球价值链发展模式作用下，自贸区发展已经具备科技创新"新常态"。从目前发展状况来看，广州已经在国际创新领域占据了重要的枢纽地位，而且相关发展也取得了突出的成绩。广州在推进创新发展机制过程中形成了包括"双自"联动自主创新示范区叠加自贸区优势，使得整个社

---

① 王孝松，卢长庚. 中国自由贸易试验区的竞争策略探索——基于上海、广东自贸区的比较分析［J］. 教学与研究，2017（2）.

会范围内的创新创业优化发展水平都有了显著提升。此外，以拓展创新发展空间为核心，完成对应统筹规划项目建设，在提高整体创新发展水平的基础上，确保珠三角国家自主创新示范区能够拥有良好的发展状态，同时也在国际市场占有较高地位。不仅如此，广州南沙自贸片区通过制定相关优惠政策，确保创新驱动发展目标能够最终实现，进而在拥有良好发展机遇状态下共同为满足创新资源集聚打下坚实的基础。目前，深港科技创新合作也逐步成为发展重点，在打造相应科技创新服务中心的基础上，深港合作共建国际技术贸易交易平台和创投融资服务平台已提上议程，为科技服务机构成果转化创造了良好的基础条件。不仅如此，深圳招商局为海外代工基地网络建设提供了相应的资金支持，希望可以在最短的时间内能够将产业规模扩大到千亿元以上，在保持良好整合关系的基础上，要满足良好资源开放共享需求，同时为相关发展目标实现创造良好的物质基础①。

　　现阶段，广东自贸区已经成为广深科技创新走廊的重要节点。广东要建设"具有全球影响力的科技创新中心"，必须打造健全的知识产权保障制度，包括知识产权法治环境建设、智财法院等。2016年6月，《广东省建设引领型知识产权强省试点省实施方案的通知》正式颁布，对知识产权保护的重要性进行全面总结，同时强调要构建完善的知识产权保护机制，在保持良好反应速度的基础上，为实现科技创新发展需求做好充分的基础准备。广东自贸区知识产权行政执法的不断创新，在打造良好的战略升级发展关系的基础上，确保集中执法体系能够满足跨境科创合作的发展需要。《加强中国（广东）自由贸易试验区知识产权工作的指导意见》已正式发布，这是广东自贸区首个针对知识产权而颁布的政策性文件，它强调要以知识产权为核心，打造多元化责任机制，在充分发挥新型运营机制作用的基础上，尝试从12个不同的发展维度入手，确保知识产权能够得到充分保护。

---

① 梁少毅，任玎. 广东自贸区发展建议［J］. 合作经济与科技，2016（6）.

行政执法层面，通过采取有效措施，要求各个部门之间保持良好的合作发展关系。在多个部门的共同努力之下，对知识产权的完整性进行全面保护。在此基础上，广东自贸区粤港澳跨境科创合作得到了基础性保障，三大自贸片区的粤港澳跨境科创合作都进入了蓬勃发展的阶段。

深圳前海深港青年梦工厂是目前深圳市主推的大型科技创新与创业（项目）平台，为进一步推动深港青年深度合作，以科技创新和创业推动产业升级，实现深圳国家级城市又好又快地发展，深圳市依托自贸区先试先行优势和地方财政支持，对深港青年梦工厂的香港青年、内地青年、各类型企业（国家、省、市、区）提供了无差别的全覆盖科技创新和创业支持政策。主要包括：高端人才安居支持政策、博士后补贴政策、孔雀计划、创业项目金融支持政策、税收优惠等一系列支持政策。与广州的高端人才支持政策不同，深圳以前海深港青年梦工厂为契机，旨在全面推动深圳科创事业发展，对各类人群和企业提供了无差异的全覆盖支持政策，吸引了全市乃至于全国的人才汇聚深圳前海，不仅使得看似无收益且过度使用的补贴得到了补偿，还使得城市和区位得到了前所未有的发展。总的来说，科技创新和创业是国家级重要驱动力，对于创业主体而言，怀揣创业梦同等重要的是创富，深圳市通过全方位补贴的形式降低了创业者的创业风险，树立了科技创新与创业到创富的标杆，为深圳市的科技创新和创业环境创造了良好的氛围。

横琴启动横琴澳门青年创业谷项目，鼓励和帮助澳门年轻人在横琴创业，首期30000平方米，350个项目申请中已有112家港澳企业入驻，入驻项目发展态势良好，企业注册资本超过4500万元。设立澳门青年创业扶持基金，对澳门青年"创客"在横琴创业予以全方位扶持。

南沙新区粤港澳科技创新与创业合作主要在粤港澳（国际）青年创新工场上进行。南沙新区粤港澳（国际）青年创新工场依托香港科技大学霍英东研究院，面向粤港澳大学生及青年创新创业主体，以建设"高校—粤港澳（国际）青年创新工场—产业园—产业界"创新创业产业链为目标，建设具有国际特色的粤港澳大学生及青年创新创业的综合示范平台及国际化的产学研创新实践基地。该项目 2015 年年初启动，4 月 21 日在中国（广东）自贸区挂牌仪式上获颁牌，重点推进"红鸟创业苗圃"和"大学生毕业实践基地"及技术创新中心等板块的建设，已经组建了 30 多人的融合香港科技大学、国家"千人计划"专家学者及海外高层次领军人才、产业界成功企业家在内的创业导师队伍，并为入驻孵化的创业团队在南沙发展提供工商注册、财税、人事、法律、知识产权等创业服务，共可容纳 100 家创业团队入驻，面积约 1800 平方米。目前，入驻项目小组和团队近 20 个，已在公司孵化阶段的科技团队 4 个，香港科大百万大赛也将在霍英东研究院举办，无人船项目备受瞩目。为进一步推动香港青年内地创业，香港科技大学霍英东研究院将进一步优化粤港澳（国际）青年创新工场工作；提供一站式服务，构建网络服务窗口，为创新创业人才提供一个以信息对接、商务和市场咨询、资金、培训、技术开发与交流、国际合作等多方面服务为一体的综合服务平台；打造专门为创新创业人才提供专业技术开发的公共技术场地，配备铣床、钻床、3D 打印机、激光切割器、数码泡沫打样机及热能切割机、树脂熔渗器等研究和生产所需的专业设备，并聘请专业工程师对创业青年进行实践指导；重点发展物联网、先进材料、先进制造与自动化、绿色建筑等重要产业。

当前，广东主要粤港澳科创合作平台已为港澳科创团队提供了从商事到人才、税收等较为完备的配套政策，霍英东研究院深耕粤港澳科创合作多年，工作水平并不逊于广东省其他主要平台。然而，南沙新区粤港澳科创合作并未取得较大的进展，究其原因，除人员往来、文化、法律法规、创业咨询习惯等系列因素外，最核心的问题是科创领域本身属于正外部性行业，市场失灵导致的问题错误地将政府关注的重点引向了制度壁垒。因此，除关注便利化和财政支持外，南沙新区粤港澳科创合作问题的关键是如何解决市场失灵，以市场机制为抓手，推动市场繁荣。综合来看，广东自贸区通过进一步加强粤港澳（国际）青年创新工场建设，推动南沙新区粤港澳科技创新与创业深度合作。同步建设南沙新区港澳产业园，参考香港标准，从建设规划到招商发展全方位引入香港元素，积淀南沙新区粤港澳合作产业基础，以产业推动创业；在粤港澳（国际）青年创新工场建设方面，依托自贸区先试先行优势，以园区管理办法的形式，将CEPA优惠条款、广州市高端人才管理办法、广东省赋予自贸区的各类优惠政策与合作园区无缝对接。以粤港澳（国际）青年创新工场为基础，将成功经验作为制度创新，在南沙新区推广，力争在南沙新区内全方位地推动粤港澳科技创新与创业、粤港澳产业合作的"双驱"发展。

为进一步加强粤港澳科技创新与创业跨境合作，大湾区可全面复制推广广东自贸区在粤港澳科技创新与创业合作方面的经验，主要包括以下九点：

第一，参照内资市场准入清单制定港澳资负面清单。科技要素流动是深化科技合作的基础，完善科技管理体制，要从放宽对创新要素跨境流动的限制入手，突破商事登记、无形资产交易等方面的制度性瓶颈，完善人才、资金、设备等科技要素跨境联动机制。这一系列科技要素中最具有活力的是市场主体，要放宽投资准入，打破约束粤港澳科技合作领域市场主体的制度约束。建议参照广东自贸区《市场准入负面清单》，尽快制定《港澳资企业准入负面清单》，实现港澳资企业与内资企业准入的并轨管理，从根本上落实CEPA的开放融合理念。

第二，加大开放力度促进科创要素流动。以开放吸引优质项目和优秀人才，增加要素流动提升试验频率，既有利于繁荣粤港澳科创氛围，也有利于提升粤港澳科创合作的市场效率。粤港澳科创合作平台发展的首要任务是，进一步加大开放力度，促进人才、资金等科创要素的流动，以市场繁荣促宣传、促发展。政府要在制度保证层面下功夫，服务科创合作平台的开放需要，在人才往来、资金往来、人才安居、外资合资企业注册方面给予制度创新保障，共同促进粤港澳跨境科创要素流动，提高市场规模。

第三，建立政府公共信息平台和产业合作常规对接机制。政府对科技合作的主导方式虽有不同，但是从服务型政府和市场信息提供者的层面，粤港澳地方政府能够达成一致。粤港澳地方政府要尽快建立政府公共信息平台，政府公共信息平台要具有权威性，是官方唯一推动的粤港澳科技合作政府公共信息平台。政府要担负起信息公开和信息审查的信息提供者职能，在此基础上，建立粤港澳科技产业合作常规对接机制，每年至少定期举办1～2次粤港澳科技产业合作对接洽谈会，政府要提供信息咨询服务台，提供完备的政策信息支持，力争将会议打造成为在信息服务基础上的平台服务，为粤港澳科技合作提供完备信息、咨询支持和平台保障。

第四，改革现有政府管理体系完善市场化金融扶持政策。政府要优化扶持资金的预算制度，成立专项扶持基金，将申请资格的审核权和推送权下放到粤港澳科创合作平台，政府仅保留核准审批权。在此过程中，政府要处理好角色转变，将详细事务逐级下放，以事中事后监管改革为抓手转变政府职能，要引入更广泛的市场化元素参与科创合作事业中。政府要重点解决科技金融扶持的落地问题，分层次构建科技金融扶持的一、二级市场，以政府专项扶持基金和政府信用为基础，联合金融机构，鼓励产业链金融信贷产品的开发，在科创合作平台试点建立现代科技金融扶持体系。

第五，建立科技合作扶持基金重点扶持隐形冠军企业。目前，针对科技扶持的基金种类众多，已经能够覆盖科技产业的全过程和重点领域，但是针对隐形冠军企业的科技扶持基金还非常少。粤港澳科技合作要重点关注竞争实力的塑造，要建立粤港澳科技合作专项扶持资金，重点扶持隐形冠军企业，一方面，可以通过资助高等院校和高级技术研发机构的产学研项目，通过标准制定，明确标准和流程，发挥科研的正外部性，扶持科研机构走出更多的隐形冠军企业；另一方面，要在粤港澳科技合作的主要领域，如新材料、汽车零部件、生物科技、中药、通信技术、电子消费品、环境科技、纺织与成衣等领域各扶持 1～2 个具有潜力的隐形冠军企业。

第六，发展科技中介机构和行业协会制度。目前，粤港澳科技合作的主导者依然是广东政府科技主管部门。建议广东政府科技主管部门要履行好主体责任，主导并促进科技中介机构和行业协会的发展。粤港澳科技合作要实现政府主导、多元主体推动。广东政府科技主管部门要鼓励科技中介机构面向社会开展技术扩散、成果转化、科技评估、创新资源配置、创新决策和管理咨询等专业化服务。行业协会的首要问题是制度建设问题，从政府分离仅仅是方式方法，目的是建立起行业协会制度，行业协会制度是政府监管的有效补充，行业协会要对行业不规范竞争行为有约束力，对有利于粤港澳科技产业合作的行为要对接好政府重点推进。

第七，建设粤港澳知识产权交易平台发挥知识产权的引导性作用。目前广东省内可推动粤港澳合作的科创平台超过 300 个，且处于蓬勃增加的态势，但是唯独缺少粤港澳知识产权专属交易平台。建议广东省成立粤港澳科创合作领导小组，依托广东自贸区"双区"叠加优势，复制推广横琴国际知识产权交易中心制度创新经验，建设粤港澳知识产权专属交易平台，并建立以人民币作为基准货币，参照交易日当天汇率，采用人民币—港币—美元自由对换的结算机制。在此基础上要重点强化粤港澳地区高等院校合作，有益于以强强联合的形式实现知识产权等科创要素交易费用的内部化，有助于塑造知识产权、科创人才等科创合作要素的集聚效应，与粤港澳地区知识产权交易形成协同"共振"效果。

第八，广东自贸区全面实行港澳青年"双创"安居政策。要尽快完善广东自贸区各片区的港澳人才卡日常受理政策。借鉴横琴澳门青年安居经验，准许港澳青年在广东自贸区内以跨境贷款购买自有住房;配套建设港澳人才社区,社区内定向接驳国际网络资源;重点发展跨境电商,满足港澳青年生活用品需求。广东自贸区还可以试点探索港澳人才的信用体系,通过中资银行接入香港本地征信体系,港澳青年可在港澳中资银行申请以人民币为结算货币的银联信用卡。针对信用良好、在广东自贸区内置业的港澳人才,可试点将其列入各地市车辆摇号准入名单,港澳地区人才可以购买私人汽车,并在三大片区所在地参与车牌摇号和竞拍。

第九,对接好港澳地区协会商会,加强宣传的正向引导作用。粤港澳科创合作平台要发挥第三部门的优势,加强与港商协会、澳商协会、港澳地区青年团体、专业协会、高校、科创联盟的合作,开展多层次的广泛交流与联系。在港澳地区做好对接、宣讲、招生等工作,宣传内地发展机遇和"双创"政策,向港澳青年展示内地创业环境及各种创新支援平台;培养标杆和榜样,广泛宣传典型成功创业案例,激发港澳青年学生来内地参与科技合作事业。在此基础上,港澳与内地相关主体可多方合作成立港澳青年创业培训学院,设立定期的常规创业辅导和考察学习课程,使港澳青年能亲身感受各具特色的营商环境和创业文化;利用香港国际化网络吸引海外科技创新和创业资源,促进科技合作和青年科创合作,实现粤港澳大湾区的区域融合和国际化发展。

五、人员往来便利化与人才安居

人才竞争在综合国力竞争体系内所发挥的影响作用相对较为关键,这在区域发展中也有所体现。在我国全面推进自由贸易区建设的形势下,广东自贸区被赋予了新时期改革的新任务,以对接"海上丝绸之路"为契机建设航运物流与贸易中心,这就对跨境人才提出了新的发展要求。广东作为"海上丝绸之路"的重要起点城市,近年来提出以高效建设广东特色的自贸区为引领，积极对接 21 世纪海上丝绸之路策略。要加快建设国际航运中心、物流中心和贸易中心，对报关货运人才的需求激增，但同时也对人才提出了高要求和新标准。由于广东与香港、澳门的距离都很近，有多个口岸，同时，在港澳地区工作的国际人才资源储备也相当可观，发挥好粤港澳区域的人才融合战略能够对广东自贸区改革和粤港澳区域融合发展提供坚实的物质保障。为此，广东自贸区高度重视人才发展战略，尤其是粤港澳地区的人才合作工作，这就需要重点解决困扰粤港澳地区已久的粤港澳地区跨境人员往来便利化和人才安居问题。粤港澳地区在人口流动与管理上面临很大的压力与挑战，一方面，在教育体系不断健全和整体教育国际水平显著提升的基础上，粤港澳人才流动壁垒被打破；另一方面，跨境往来的便利化和安居问题成为粤港澳人才融合战略的关键难题。

2012 年，《关于在广州南沙、深圳前海、珠海横琴建设粤港澳人才合作示范区的意见》（粤委〔2012〕44 号）正式印发，沿用至今，是目前广东自贸区人才战略和计划的重要参考文件。同年，《广州南沙新区发展规划》明确提出加大人才建设力度的要求；2015 年，广州南沙新区开展制订高端人才培养计划，希望将更多的跨境人才引进到南沙，主要政策体现在购房、子女入户、购车等与生活息息相关的方面。在全国人才竞争的背景下，2016 年 6 月，广东出台了自贸区人才发展意见，强调必须开展体制创新活动，并制定了共计 20 项政策措施，利用"优惠政策大礼包"来吸引人才。广东自贸区人才战略为实现广东自贸区建设发展提供了充分的基础准备①。从实践反馈来看，广东省所开展的人才建设活动已经取得显著的发展成绩，尤其是在广东自贸区发展过程中，重点解决了对国际贸易、金融、法律、物流等行业的高端人才的引进需求。广东自贸区通过制度创新，对传统认定人才申请永久居留手续的办理流程进行全面简化，同时使相

---

① 邵丽娜. 浅谈面向广东自贸区的高校人才培养模式［J］.商场现代化，2016（17）.

关工作效率得到了全面提升；针对广东自贸区创新创业团队的港澳籍工作人员进行统一化管理，包括对港澳籍技术人才试点实施永久居留积分评估制；支持港澳籍青年学生在广东自贸区范围内开展创业活动；为港澳籍来自贸区工作人员申请居住权创造良好的基础条件。广东自贸区针对粤港澳区域融合构建了16项利好，政策惠及的群体覆盖面十分广泛，其中包括普通就业人员、留学人员、外籍华人、家政人员等。政策主要包括三个方面：一是港澳籍人员可以办理固定期限内的签证；二是可聘用港澳籍专业人士提供相关家政服务；三是港澳籍留学生能够进行相应签证申请。目前，广东自贸区先试先行的深港人才双向流动机制已经基本形成，共有十余种专业人士能够通过自贸区平台进入内地共同执业。不仅如此，广东自贸区还打造了强大的工作联盟机制，定期召开专业性工作会议等，加强了两地人才间的交流。综合而言，广东自贸区在粤港澳人才合作方面，首先，结合实际发展状况，选取广东自贸区作为"试验田"，推进人才政策全覆盖，确保制定的人才战略和计划能够满足实际发展需求。将人才队伍建设工作纳入人力资源规划发展范畴，同时为打造良好的人才发展目标做好充分的基础准备。其次，使相关政策扶持体系需求可以得到全面兼容，在遇到政策冲突的情况下，组织专家开展相关评估活动，同时确保引进人才的生活质量得到全面保障。最后，制定完善的人才发展战略，利用项目吸引人才。

广东自贸区立足实践、服务港澳，重点拓展了粤港澳人才交流合作平台，对粤港澳人才中介机构入门条件进行相应调整，在相关机构人才申请过程中，一部分合资机构也能够为相关人才创业活动提供服务。通过与粤港澳人才中介机构保持良好的沟通协作，定期开展相关人才招聘会议，确保人才流动能够满足科学发展需求，进一步促进广东自贸区三大片区所具备的载体作用能够充分发挥出来，在有效汇集行业创新人才的基础上，共同为满足自贸区创新发展需求打下坚实的基础。在此基础上，建立完善的人才交流服务机制，一切以人才跨境交流为核心，完善科学人才合作机制，在满足相关资源信息共享机制发展的基础上，确保粤港澳地区人才跨境交流活动开展能够带有显著的常态化特征。2017年，广东省政府正式发布了《广东省进一步扩大对外开放积极利用外资若干政策措施》（粤府〔2017〕125号），提出深化CEPA项下广东自贸区对港澳服务业开放，并推行人才"优粤卡"，将符合条件的港澳台特殊人才纳为服务对象。在鼓励研发创新方面，采用支持外资研发机构设立、优化外资研发创新环境和支持外资研发成果产业化等措施。《外资十条》的"优粤卡"政策将外商投资企业高级管理人员、外资跨国公司总部或地区总部的中高级管理人员、外资研发机构的高层次研发人才及高价值PCT（patent cooperation treaty）国际发明专利发明人、世界技能大赛项目专家和获奖选手、外商投资企业聘用的港澳台特殊人才纳为"优粤卡"服务对象。为了能吸引优秀的港澳人才留在广东发展，在充分发挥金融互联互通机制的基础上，打造安全信息网络，为满足粤港澳地区信息一体化发展奠定了基础设施互联互通的基础条件。

从安居的层面看，在理论上，房地产调控的思路要从房价转向住房产品，以往对价格的研究需要向针对住房产品的产业研究过渡，在实践中的中老年人群经历过早期的房改和初期城镇化进程，在有改善住房意愿的情况下能够实现基本安居，目前受到安居困扰的主要是大中型城市的青年人群。从城市化的层面看，20世纪90年代到21世纪初的中国城镇化进程更类似于一个农村向城市集合的过程，大、中、小型城市都实现了迅速扩张，但发展特点和差异性不明确。纵观国际城市化发展经验，中国未来的城镇化必然会向城市化过渡，大中城市之间的发展特色和定位会更加清晰。在区域增长极战略下，人才和资源进一步向大型城市集聚，纵观东京湾区和洛杉矶湾区的发展经验，受到土地资源限制，区域增长极中心区域的房价难以回落，要解决新增就业人口的城市安居问题，尤其是青年人才在大城市安居，就要以供给侧结构性改革为指导，尽快构建多主体供给、多渠道保障、租购并举的新住房供给体系和住房制度。

目前,在粤港澳大湾区发展的新形态下,粤港澳大湾区要依托广东自贸区和广东自贸区三大片区所在城市的安居探索,有针对性地重点解决青年人才安居问题,提升湾区的人才吸引力和吸纳能力,从供给侧入手,构建多主体、多渠道保障的供应体系。在住房市场租售并举的配套改革指引下,粤港澳大湾区人才安居要以制度创新为抓手,深入结合供给侧结构性改革总思路,深化存量改革,激活湾区对企业和人才的吸引力和吸纳能力。具体来看,政府可以借鉴广东自贸区和广东自贸区三大片区所在城市的安居探索推广以下五点工作:

第一,地方政府需高度重视租售并举改革,推动试点城市尽快取得标志性改革成果,解决湾区人才安居问题,为中央试政策。面对粤港澳大湾区主要城市大范围存在的城中村问题,广东省委省政府要着力统一思想,立足实践,走在改革前列,依托广州、佛山和肇庆3个试点城市,下达改革任务,相关改革在青年人才安居领域小范围试点,一方面,能够降低改革风险;另一方面,有利于尽快取得标志性改革成果,为中央试政策。在取得可复制推广经验成果的基础上,向中央建言献策,力争在粤港澳大湾区城市群内部全面试点租售并举和集体土地开发租赁住房的新模式,更大范围并有针对性地解决湾区青年人才安居问题。

第二,建立集体土地上盖只租不售的政府联合发展机制,及时推出一批集体产权人才安居住房。在租售并举的发展导向下,村民集体土地开发租赁住房要落地,首先要探索村集体和当地政府的联合发展模式。政府需要修改城市总体规划和土地利用规划,制定相应的安全条例和应急管理办法,配合村集体进行宅基地的二次高强度开发。由于地权变更和土地价值增长带来的溢价,要探索合理的利益分配机制,实现村集体和全体市民的发展利益共享。联合发展机制任务重,需要作为租售并举和集体土地开发租赁住房改革的首攻难题。集体土地和城中村问题是经过十几年发展、沉积下来的问题。对于这一类历史问题,政府有风险意识。集体土地入市面临这一系列不确定性风险。改革要分步骤、稳步推行。为此，标志性成果应以及时和代表性为重点，要切忌村集体土地开发的"好大喜功"倾向。面对存量改革问题，可在近年来村集体开发的高档住宅办公中，选择较为成熟的项目，探索联合发展机制，及时建立合法渠道，优先试点向青年人才安居市场推出一批集体产权租赁住房。在此基础上，试点项目报批（包括预审、立项、规划、占地、施工）、项目竣工验收、项目运营管理等规范性程序，建立快速审批通道。健全集体建设用地规划许可制度，构建统一渠道，激活改革。

第三，有步骤地制定租赁市场发展规划，分批改造粤港澳大湾区城市中心区域的城中村，为城市工作者提供便利化安居条件。在试点改革的基础上，推进统一规划、统筹布局、统一管理、统一相关建设标准。进一步完善规划变更、环评和房屋安全改造管理办法。结合当地房地产市场发展和土地出让的实际情况，制定专项租赁市场发展规划。在总量的约束下，分批推进粤港澳大湾区城市中心区城中村改造工程，切实解决城市工作者面临的市内租金过高问题，为城市工作者提供便利化安居条件。从需求端明确供给，提升改革城市工作者的改革获得感，将租售并举和集体土地租赁住房改革落到实处，做实做深。力争取得系统性的改革成果，为中央提供可复制推广的系统集成政策经验，为供给侧改革和"四梁八柱"改革添砖加瓦。

第四，加强供给侧和产品端的产业规制。以深圳为例，根据深圳市房地产评估发展中心提供的资料，深圳新建商品住房平均价与CR10（集中度在前十的住宅产品供应商）溢价呈现门限效应关系，即住房市场提供者的集中度需要保持在一个合理水平，以便在新建商品住房价格快速上涨时期，为维护市场稳定，房地产调控部门约谈行业内举足轻重的房地产开发企业，要求相关企业以行业领头羊角色维护市场稳定。具体来看，深圳市房地产开发行业CR10在36.3%的水平上，其市场规制的制定会更利于市场竞争并稳定市场价格。为适度促进企业做大做强，引导房地产开发行业节能减排等产业升级行为，房地产调控部门可适度引导房地产开发行业的集中度维持在40%水平上。二手房成交房地产中介层面，粤港澳大湾区城市群主要城市要严格执行限购政策，严格抑制房地产中介虚假报价和中介人员违规操作行为。

第五，鼓励租售并举向办公和商业等业态过渡。珠三角地区集体建设用地自建房屋不仅停留在住房租赁层面，相对内陆地区，粤港澳大湾区的办公和商业用房需求也较高，集体土地自建厂房、办公用房和底层商铺也更加普遍。在广东试点租售并举和集体土地租赁住房试点，步子可以相对大一点，可适当鼓励租售并举向办公和商业等业态过渡，充分依托已有的民间探索和现实基础，探索更符合湾区经济发展的新模式。适当探索城市配套和生活配套的集体土地提供机制，敢为人先，为中央探索租售并举改革的系统方案，为全国推进供给侧结构性改革、实施创新驱动发展战略、构建开放型经济新体制提供支撑。

第六章 湾区战略下广东自贸区促进粤港澳区域融合的可行路径

一、规划层面：以自贸区为支点、发挥点轴带动性和辐射外溢作用

2018年"两会"期间，中央提出要实施粤港澳大湾区发展规划，全面推进内地同香港、澳门地区互利合作。目前，粤港澳大湾区的规划发展重点还主要集中在珠三角城市群，港澳与珠三角主要城市的梯度合作空间越来越小。从湾区总体区位格局层面出发，随着港珠澳大桥通车，深港区位直接接驳的历史格局出现了新的变化，港澳珠通过基础设施被更紧密地连接，要发挥好自贸区的制度引领功能，推进广东自贸区珠海横琴新区与珠海大桥经济区的联动发展，构建区域发展新支点，从而进一步发挥湾区西部的点轴带动性。目前，港珠澳的湾区西部的深度合作空间已经被打开，但时间尚短，区域中心热点的形成还需要一个发展期。湾区东部依然是物流、人流、资金流、信息流高效流动的核心区域，然而，广深科技创新走廊轴线上，主要城市的梯度合作空间越来越小。在现有珠三角东岸和湾区西部粤港澳地区合作空间相对受限的情况下，一方面，要做好3个自贸区之间的支点联动，构建更具有引领性和标志性的粤港澳深度融合平台；另一方面，要为粤港澳深度合作寻找新腹地。湾区东部粤港澳区域融合潜在发展区，具备保税区、机场、产业合作区、深汕合作体制机制创新优势，港深惠一线可延伸至河源，港深汕一线可延伸至潮汕地区，能够作为服务港澳地区融入内地的新腹地。

从规划理论层面,"点轴"开发理论是现代区域规划发展的核心理论,意在基于区域中心城市之间形成的要素交换,构造区域发展的主轴,以走廊的形态辐射带动周边区域发展。构建辐射带与构建"走廊"不同,需要创新"点轴"联动的区域发展和规划理念,以港深东拓方向为支点,在惠州城区、惠州机场到深汕合作区一线,可依托腹地、机场、港口、保税区、合作援建区等优势集中力量建设带动线,形成带动线上各节点之间与港深链接的多条点轴,从而形成粤港合作东拓起步三角区,以"点线面"的规划发展格局,有阶段性地向外扩散,实现辐射带的总体带动性。以深圳东进战略为基础,完善顶层设计,搭建"3+2"协同发展框架,以"三核"形成"3+2"人口产业集聚主要载体,以"两廊"引领非核心功能向潜力地区转移。围绕湾区东部地区,构建功能层级清晰的区域交通服务体系,构建圈层协调交通供给网络,形成多层级运输通道体系,完善区域多功能枢纽体系,强化深港与深山特别合作区的快速联系,探索行程内陆飞地新发展典范。

要做好区域规划,进一步发挥点轴联动的带动性,要做以下四点工作:第一,以创新、协调、绿色和粤港澳地区融合发展为指导,明确提出湾区东部辐射带发展构想。结合党的十九大提出的创新、协调、绿色、开放和共享的发展理念,以创新驱动、协调发展、绿色高效、粤港澳地区开放融合新腹地为重点,进一步明确湾区东部辐射带的发展构想,力争在大湾区发展规划中将湾区东部绿色创新辐射带列为发展重点。第二,结合湾区的实际情况创新"点轴"联动的区域发展和规划理念,以大战略规划的视角,制定"点线面"辐射带动总体规划。粤港澳大湾区是世界级湾区,既是发展的结果,更要总结出发展的新理论。建议广东省委省政府根据工作需要,筹划一批智库研究和软科学研究专项,以大战略规划的视角,创新"点轴"联动开发理论,制定"点线面"辐射带动总体规划,在惠州开发区、惠州城区、惠州机场和深汕合作区一线,构建起步区作为粤港澳台地区合作的新腹地。研究跨境合作、绿色发展的重点产业，突破跨境合作和开放瓶颈，力争在3～5年内取得创新、协调、绿色和粤港澳地区融合发展的标志性成果。第三，在服务港澳地区融入内地的基础上，结合惠州等地产业基础，融入粤台合作元素。在服务港澳地区融入内地的基础上，探索体制机制与保障制度创新，结合深圳龙岗、惠州开发区等地粤台地区产业合作基础，组织专项研究制定粤台产业合作发展规划，探索将粤港澳地区深度合作的体制机制与保障制度覆盖到粤台地区合作领域。将湾区东部绿色创新辐射带打造成为粤港澳台地区融合发展的新标杆。第四，研究推广广东自贸区的制度创新经验，在体制机制、产业发展、人员和资本流动等层面制定系统的保障机制。广东自贸区在粤港澳地区合作领域已经取得了较多的合作成效，在体制机制、产业发展、人员和资本流动等层面取得了一系列的制度创新成果。湾区东部绿色创新辐射带的阶段性规划发展前期，可借鉴广东自贸区在跨境合作和产业合作方面的制度创新经验，实现区域发展阶段性的提速增质。在此基础上，再根据地方发展的实际需要，深入在体制机制、产业发展、资本流动等方面的更加系统的保障机制。

在发挥湾区西部中心点构建、点轴开发、广深科技创新走廊大都市带协同发展效应和湾区东部绿色创新辐射带"点线面"阶段性规划的基础上，要高度重视各片区的基础设施互联互通，构建便捷高效城际交通网络，通过互联互通打造"大湾区优质生活圈"。便捷高效的交通设施也是湾区经济成功的重要因素。粤港澳大湾区拥有世界最大的海港和空港群，包括广州港、深圳港和香港港等全球大港，以及东莞港、珠海港、惠州港、中山港和江门港，并拥有广州、香港两大国际航空枢纽和深圳、澳门等重要国际空港；珠三角城市群间高速公路网不断完善，高速公路总里程和密度超过纽约、东京、巴黎都市圈；以广州为枢纽，覆盖区域内主要城镇，便捷、高效的珠三角城际轨道交通网络正在加快建设，珠三角城市群将实现以广州为中心、主要城市间的"1小时生活圈"。港珠澳大桥建成通车在即，香港、澳门前往珠江西岸城市也将实现快速连接,为未来粤港澳大湾区 11 个城市间打造 1 小时互通的"大湾区优质生活圈"创造良好的交通条件,为湾区各城市协同发展打开更为广阔、便捷的空间,从而提升各区块内部和区块之间的点轴联动性。

二、推广层面:发挥制度创新的复制推广功能

从体制机制入手,打造为湾区协同发展提供制度保障的新型合作平台。粤港澳大湾区既有香港特区、澳门特区,又有深圳和珠海两个经济特区,中国(广东)自贸区南沙新区片区、前海片区和横琴片区。其合作机制远比其他湾区更为丰富、多元。在构建开放型经济和参与全球化竞争上,珠三角城市要学习借鉴香港、澳门的先进经验,积极探索体制机制创新,打造科技、金融、人才等新型合作平台,营造有利于开放发展的良好环境,促进湾区内人流、物流、资金流、信息流和技术流等资源要素自由畅通流转,实现城市间优势互补、竞合发展、协同共赢。充分发挥并强化香港对于湾区其他城市"超级联系人"的作用,利用香港法律制度和与国际市场直接对接的国际化优势,为湾区企业和科研机构开拓国际市场。

结合自贸区制度创新探索,可具体将制度探索和创新分为贸易便利化、投资便利化、政府职能转变、金融开放融合和人才安居五方面。

从贸易便利化入手,构建粤港澳货栈自由贸易模式。粤港澳货栈是粤港澳地区大通关体系在内地分拨货物的重要节点,是粤港澳货物大通关体系的重要组成部分,对于粤港澳货物贸易自由化、原材料和设备等要素流动提质增速、新商业模式的形成都具有极其重大的意义,是牵一发而动全身的关键性改革。建议在湾区范围内,依托广东自贸区、湾区西部和湾区东部粤港澳区域融合潜在发展区的综合保税区联动优势,复制推广粤港澳货栈自由贸易模式。粤港澳货栈是粤港澳自由贸易的重要实现形式,取消

进出口商品流向预先备案制度是让贸易商根据发展态势自主选择和变更进出口商品流向，是粤港澳货栈和粤港澳自由贸易的内在要求。开放海关红线内数据，进行有效整合、追溯跟踪能够倒逼改革，完善监管模式和促进自由港建设。货物贸易流向自由化，意味着百货类商品、原材料物品可以根据发展的现实需要，自由选择售卖、中转或加工，能够有效满足消费需求、促进产业合作，有助于在岸贸易、中转贸易、加工贸易的集聚发展。在取消海关红线进出口商品流向预先备案制度的情况下，可在湾区各综合保税区推动亚太区域分销中心建设，整合亚太地区的销售和中转业务。湾区内部可在南沙首创的全球质量溯源体系的基础上进一步优化和推广全球质量溯源监管体系，拓展全球质量溯源体系的新应用，加强一线放开后的可追溯和二线管住工作。以粤港澳货物贸易自由化理念，共同进行制度创新试点，小范围试点取消分包限制和流向预备案。同时，加强小范围内海关诚信管理体系建设，优先推动海关和检验检疫内部的"守信联合激励、失信联合惩罚"制度。粤港澳货栈开发建设和制度创新是贸易商的发展需要和实际诉求。在湾区融合发展态势下，粤港澳货栈建设发展要更加坚守从群众中来到群众中去的作风。服务消费者和企业的现实发展需要，真正地提升改革的获得感。在此过程中，要充分发挥港澳市场主体的作用，以监管模式创新为手段，联合强企和诚信企业，共同推动商业模式创新，为改革提供成功案例和路径指引，进一步推进商业模式创新，将监管模式创新真正地落脚于服务和改革获得感。

从投资便利化入手，构建港澳专属负面清单备案体系。投资便利化是指政府采取的一系列旨在吸引外国投资，并在投资周期的全部阶段上使其管理有效性和效率达到最大化的行动或做法。综合来看，投资便利化应当是完整投资周期全过程的便利化问题，广东自贸区在实践工作中，结合我国的制度和惯例体制机制框架，将完整的投资过程市场监管基本可分为从准入到商事登记再到投资备案管理再到正面引导四步，并针对投资便利化的全过程进行了针对性的改革，尤其是针对港澳市场主体的改革需求，进行了专项引导式服务改革。从市场准入入手，广东自贸区深圳前海蛇口片区于2014年6月出台首份负面清单，即《前海深港合作区外商投资企业准入特别管理措施（2014年）》，列明59项特别管理措施，比自贸区负面清单更为精简，实施动态管理，跟踪国家的行业投资政策与准入规定定期更新。横琴新区片区结合4个自贸试验区共用的外商投资负面清单和CEPA协议，制定对港澳的负面短清单，比现有的外资准入负面清单缩短30%；值得注意的是负面清单管理仅仅是管理模式的一个表现形式，还需要与负面清单管理相配套的一系列体制机制改革。这就需要在我国原有发改项目审批制度的基础上，做进一步的项目审批体制机制创新和市场监管创新。对此，目前广东自贸区正在逐步推行备案制改革。总的来说，备案制是与负面清单管理模式相适应的投资项目核准制度，在外资和内资准入两张负面清单改革和制定更短的CEPA负面清单的发展路向下，参照市场准入负面清单的内资标准，以及CEPA鼓励的重点领域，制定在湾区复制推广的更开放、限制行业更细化的港澳资准入负面清单，弱化专业教育、银行、券商、保险等行业的中资控股要求。分步实施、重点研究针对境外人士的保险制度和担保制度，解决境外人士信用信息缺失情况下保险难、信用卡办理难等问题，达到开放多赢的效果。港澳资准入负面清单的限制行业需要更加细化，以开放发展为目标，以服务境外人士到境内群体为步骤，力争将台资准入纳入其中，专项研究、尽快落实。在此基础上，着力推动广东自贸区针对港澳等外资企业的大审批和大监管改革在湾区复制推广。通过正向引导提升投资便利化水平，激发港澳资企业参与湾区共建的能动性。

从体制机制入手，打造为湾区协同发展提供制度保障的新型合作平台。在构建开放型经济和参与全球化竞争上，珠三角地区城市要学习借鉴香港、澳门地区的先进经验，积极探索体制机制创新，借鉴广东自贸区深圳前海蛇口片区管委会的制度创新经验，设立专门对接港澳工作的专责部门，着力打造科技、金融、人才等新型合作平台，营造有利于开放发展的良好环境，促进湾区内人流、物流、资金流、信息流和技术流等资源要素自由畅通流转，实现城市间优势互补、竞合发展、协同共赢。充分发挥并强化香港对于湾区其他城市"超级联系人"的作用，利用香港法律制度和与国际市场直接对接的国际化优势，为湾区企业和科研机构开拓国际市场。针对争端解决，可参考广东自贸区制度创新经验，在庭审中采取港籍陪审制度，在民商事案件中可适用香港普通法，并借鉴港澳信用体系监管模式，进一步完善自贸区信用监管目录，在粤港澳地区发展融合进程中全面复制推广。

以粤港澳地区金融合作为例，广东自贸区可以通过云技术平台将粤港澳地区的商业银行、保险公司（担保公司）以及各大型电子商务公司联合起来，为粤港澳地区居民的旅游住宿、消费支持、结算支付和售后服务提供一体化的金融解决方案。总体的金融改革包括：一是在 ECFA、CEPA 框架内加快制定专门针对粤港澳台地区金融合作的"负面清单"。建立港澳台地区金融类企业在自贸区注册、展业和跨境交流的"高速通道"，探索港澳台企业涉外资金在入境、结算、支付和投资便利化等流程服务的特别措施。二是建立以重点、重大项目合作为契机，探索内地与港澳台地区金融合作的新机制。特别是在航运金融、供应链金融以及大型跨境基础设施建设过程中的投融资服务体制方面，对于融资方案、资产证券化解决方案、长期性货币合作等方面，有着很好的合作空间和前景。三是探索建立人民币、港币、澳门币和新台币间稳定的汇率合作机制。促进区域金融一体化，需要打造稳定的跨境货币合作环境，加强货币间的固定联合浮动管理，使得货币区内部形成一致对外的汇率风险防范机制，从而避免过度投机造成的泡沫累积。四是创新科技金融生态为湾区创业企业提供资金支持，重点发挥香港、深圳及广州等金融中心的作用。粤港澳大湾区拥有广州、深圳和香港三大金融中心，以及港交所和深交所两大证券交易所，汇聚全球众多的银行、保险、证券、风投基金等跨国金融巨头。作为全球最具活力的城市群，粤港澳大湾区借鉴了旧金山湾区"硅谷"的"创新技术 + 生态基金双核总部"经验，充分发挥了湾区内重要金融中心的功能作用，吸引更多世界各地风投基金、中介机构、创业企业进驻湾区，共建"科技 + 金融"生态系统，并借鉴香港金融发展的国际化经验，实现与国际金融体系接轨，为湾区创业企业提供资金支持，打造粤港澳大湾区"创新高地"吸引国内外企业在粤港澳大湾区融资、发展，为湾区产业健康、快速、可持续发展注入动力。

从创新人才合作机制方面入手，广东自贸区发行了国内首张以自贸区冠名的银行卡，在南沙首发，首次实现从港澳地区借入人民币在南沙购房，首次允许区内个人直接投资境外企业股权等。其中，境外人士可通过申办建行"自贸通龙卡"购买境内理财产品。创新 CEPA 食品检验监管模式，成立粤港澳高校创新创业联盟，推动与港澳在科技创新、专业服务、人才交流、社会事务等领域的全面合作不断取得新进展。南沙在法制环境合作建设、粤港澳律师相互交流协同办案方面通过创新不断突破。营造良好的创业环境，打造湾区"创新人才高地"。创新发展的核心是人才。世界一流的湾区，都聚集着一批世界知名的大学，为湾区发展提供源源不断的智力支持。粤港澳大湾区可以借鉴旧金山湾区经验，创新人才合作机制，出台高端人才政策，营造吸引海内外人才创业就业的良好环境，鼓励更多的海外人才前来粤港澳大湾区创业就业，打造湾区"创新人才高地"；同时，加大对湾区内高等院校、科研机构、创业企业方面的教育和科研投入力度，建设世界一流大学和科研机构，布局国家重大科研专项，为粤港澳大湾区建设世界一流湾区培养亟须的全球视野人才。

三、深化层面：发挥市场主体的创新合作能动性

在总体规划和制度保障的基础上，促进粤港澳区域融合更要发挥市场主体的创新合作能动性。如果说经济合作是粤港澳大湾

区一体化发展的主线，那么市场主体的融合是社会融合的第一步，结合广东自贸区在粤港澳跨境市场主体合作层面的探索。

第一，粤港澳地区要联合构建湾区知识产权交易平台，保护和激发企业投入科研创新的动力。世界一流湾区是科学技术、生产方式、商业模式创新的引领者，必须具备国际化、市场化、法治化、营商环境，核心是知识要素的公平交易与自由流通。只有保护好企业的技术产权专利，才能激发企业投入科研的创新动力。建议粤港澳大湾区依托广东自贸区平台，在现有横琴国际知识产权交易中心的基础上，建立湾区知识产权交易平台，推动知识产权保护便捷担保机制和知识产权联合（快速）维权援助机制建设，探索建立知识产权进出口风险预警制度，提供企业知识产权专业化服务，积极引导企业尤其是自主知识产权企业向海关备案，打造企业知识产权大数据信用体系，构建统一、独立、权威和高效的知识产权保护体系和知识产权能够便捷商业实现的交易平台。

第二，在自贸区粤港澳地区产业合作目录的基础上，制定湾区科技产业发展目录，培育引导重点产业领域企业发展。科技创新是湾区发展的重要支撑动力，政府的产业引导扶持应更具针对性。建议完善湾区科技创新合作协调机制，共同研究制定湾区科技创新规划，制定重点产业发展目录。结合当前粤港澳科技合作及产业基础，建议可重点推动新一代信息技术、人工智能、大数据、生物医药、新能源新材料、节能环保、公共安全、文化创意等产业领域发展。针对重点产业领域，参照全球百强创新机构的评分指标，培育引导具有自主创新能力和商业实现能力的科创企业，并发挥龙头企业的辐射带动作用，带动上下游及其周边产业领域的共同发展。对此，应建立常态化政企协调联络机制，充分调动发挥市场主体力量，如发挥华为公司研发方面的示范作用，发挥腾讯公司在互联网领域的引领作用，以市场主体的集群发展需要，制定集群发展规划，拓展市场资源和产业链整合，以市场力量带动形成湾区科创产业发展的良好态势。

第三，要依托自贸区在科技产业合作和创新孵化方面的平台和制度基础，打造大湾区科研产业孵化概念，最大限度地降低科研要素获得和组织成本。旧金山湾区的硅谷地区，在狭小范围内聚集了斯坦福大学等著名高校及大量知名科技公司，吸引全球优秀人才求学及创业，产学研集群最大限度地降低了科研要素获得和组织成本，科研成果丰硕。建议创新传统的企业孵化概念，通过同类集聚和上下游集群的方式，打造更高水平的产业孵化发展理念。可以依托深港河套地区"港深创新及科技园"、深大－南山科创园区、东莞松山湖高新区等，促进高等院校、科研院所、科技企业等科技要素"高浓度"聚集，采取共建联合实验室和共享科研设备等方式，促进要素交易费用内部化、技术转移高效化，逐步形成创新要素聚焦、"产学研"一体化发展、辐射全湾区的内聚外合的开放创新区域。当前，要着力加快深港河套地区"港深创新及科技园"建设进度，既要体现双方合作意愿，也要克服议而不决的程序安排，重点研究在基础材料领域取消预先流向备案制度和科技要素进出园区的便利通关政策。

第四，要尽快建立湾区科创信息服务平台，促进科研成果与市场需求的高效对接。促进湾区科创要素对接，首先是要做好科创信息对接。建议粤港澳地方政府可联合知名企业共同建设维护粤港澳科技信息黄页，作为权威性的粤港澳科技创新信息服务平台，通过大数据等技术手段，把粤港澳地区科研信息核实、整合并公开，为科创企业提供完备的政策信息及咨询等支持。具体而言，要围绕湾区科创需求，发布相关规划、政策、技术、科研机构、企业、人才等信息，逐步形成湾区科创产业发展数据库、技术路线图数据库、创新主体信息数据库和高端人才信息数据库等。同时，要定期组织开展政府、企业和研发机构的对接，为粤港澳高校的技术转移转化提供科技信息服务，为湾区内企业寻找或配对合作伙伴，帮助企业解决科研及市场化、产业化难题，提供最适当的支持。

四、平台保障层面：依托自贸区探索粤港澳深度合作区建设

依托自贸区，发挥粤港澳地区合作发展优势，探索建设广东自由贸易港，落地粤港澳深度合作试验区，探索粤港澳区域融合新模式。党的十九大报告和2018年"两会"政府工作报告明确提出，要构建全面开放新格局、探索建设自由贸易港。广东建设中国特色自由贸易港是构建对外开放新格局、服务港澳与内地深度融合的一个重要契机。当前广东自贸区在深化粤港澳合作方面已经取得了一系列的制度创新，港澳在自由贸易港建设发展领域经验丰富，广东有条件发挥粤港澳合作发展优势，探索建设自由贸易港，既要落实"一线放开、二线管住和区内自由"，更要做好高效质量监管和安全监管，延展港区内合作空间，推动港区内海关、检验检疫、离岸贸易和金融服务等专业服务的协同创新。

首先，中国特色自由贸易港建设发展与传统的自由贸易进出港口的概念不同，不是一个进出口岸的点的概念，而是一个新窗口和国际平台的概念。广东自由贸易港是推动形成全面开放新格局、推动港澳融入国家发展大局和推动粤港澳大湾区规划建设的新平台。从平台建设的角度看，广东自由贸易港区是广东自由贸易港的具体实现形式。自由贸易港区能够成为粤港澳地区合作的重要载体，港区与自由贸易港的联动能够使得广东自由贸易港成为更加聚焦、更加活跃、更具示范性的新平台。在港区内落实"一线放开、二线管住和区内自由"，从而实现粤港澳地区更便捷的人、财、物、信息流动和管理体制机制创新。在广东自由贸易港区推进粤港澳深度合作，既符合国家战略中服务港澳地区融入内地的制度创新需要，又能够为自由贸易港区的建设发展提供要素支撑。

其次，广东能够发挥自贸区粤港澳合作发展优势。广州南沙和珠海横琴地理条件绝佳、深圳前海区位和市场活力极佳，综合

地缘、现有规划、口岸条件、供应链和物流链营商基础、基层政府权责清晰等现实问题后，广州南沙自贸片区的南部组团可进行整体规划，对粤澳合作示范区等重点区块做更系统的开发保障研究，珠海横琴与珠海大桥经济区可进行重点错位规划，并看齐深圳关内做整体规划。自由贸易港内粤港澳合作，可以通过借鉴深圳前海深港现代服务业合作区管理局机构设置的方式，设立专门服务广东自由贸易港的跨境联合监管机构，直接引入香港金融监管机构，以监管改革促创新发展，实现更高效的金融服务业开放和现代服务业的引资。

再次，广东能够通过调动港澳市场主体的能动性，共同推进制度创新工作。制度创新依然是自贸区和自由贸易港的核心抓手，自贸区和自由贸易港制度创新的主要内容依然是：以事中事后监管制度创新为抓手的政府职能转变、以负面清单管理为核心的投资管理制度创新、以通关便利化和信息共享为重点的贸易便利化、以资本项目可兑换和金融服务业开放为目标的金融制度创新。然而，随着改革的持续深入，当前制度创新的主要问题已经更加细化，可被概括为补短板，通过补短板提升改革的集成性。补短板就需要进一步了解哪些问题降低了企业的改革获得感，这就要求广东发挥市场主体在制度创新和重大决策中的能动性作用。港澳市场主体不仅熟悉港澳自由贸易港监管模式，更了解什么样的自由贸易港更加具有竞争优势，对此，抓好关键少数就是要联合港澳市场主体共同推进符合市场主体需求的制度集成创新。调动港澳市场主体的能动性也将成为广东自由贸易港的建设发展的核心优势。

最后，从目前的改革阶段性重点来看，国内的银行、证券、保险企业改革严重滞后，新兴业务和金融新业态必须要稳步推进。从风险可控、加强压力测试的角度看，金融监管改革要优先于金融创新改革。金融监管也是自由贸易港区监管创新的重中之重，有鉴于粤港澳独特的跨境交流和复制推广能力，广东自由贸易港区金融监管可以直接引入粤港澳跨境团队合作的模式，联合香港金融监管局成立新型金融监管部门。由新型金融监管部门，提出金融创新发展规划。陆续在港区内植入港澳金融专业服务机构，依托主体植入和跨境主体合作，创新区内金融监管和服务模式，通过港澳与内地的主体融合，实现业务融合和新主体孕育等深度融合。

五、宣传层面：突出重点、发挥旗帜导向作用

粤港澳大湾区要成为国际一流湾区和世界级城市群，其内部宣传和外部宣传都极为重要，要做好宣传就要突出重点，把握好宣传主线和发展主线。综合来看，粤港澳大湾区的宣传推广要突出湾区协同发展的3个重点：一是打好港澳牌，突出服务港澳一条主线。从珠三角城市群早期"三来一补"，即来料加工、来样加工、来件装配和补偿贸易，到粤港澳大湾区新形态，服务港澳都是一条主线。"三来一补"其实自身也是一个升级的过程，虽然我们已经告别了"三来一补"，进入了新的升级合作模式，但是港澳地区在服务业、供应链管理等领域依然是有优势的，随着优势的逐渐缩小，学者们曾质疑过粤港澳地区的关系，党的十九大报告高瞻远瞩，进一步明确了服务港澳地区融入内地发展的历史使命，"一国两制"3个关税区不只是产业的互补和订单的联系，更是多元化制度优势，广东早期向港澳地区学习，目前港澳地区融入内地发展，融合发展是大时代，是新形势，大时代和新形势必然有商业空间和模式创新。不论是从改革开放发展进程、服务港澳地区融入内地的国家战略，还是新的商业空间，港澳地区的作用并未缩小，只是合作方式变了，转好服务港澳这一条主线，是粤港澳大湾区新形态可以被作为"新形态"的核心。二是打好国家战略牌，突出大湾区是服务国家战略的践行者。从珠三角城市群到粤港澳大湾区城市群都是服从国家改革开放的战略部署从珠三角城市群到粤港澳大湾区城市群，都是中国共产党改革开放的执政成就，是中国特色社会主义制度优越性的集中体

现。服务新形势下的国家改革开放战略依然是湾区城市群的方向和鼎力支撑。没有中央的支持，地方的发展是不可能有巨大成就的。粤港澳大湾区城市群要服务好"一带一路"等国家倡议，所有短视的利益行为都要为国家战略让步，这是从珠三角城市群到粤港澳大湾区城市群，打造全球一流湾区和世界级城市群最有力的支撑。三是打好制度牌，突出中国共产党执政成就和社会主义优越性的示范作用。力争将粤港澳大湾区打造成为世界一流湾区和世界级城市群是中国共产党百年执政成就的集中体现，大湾区城市群是中国特色社会主义的发展成果，要坚持"四个自信"、全面展现"四个自信"，全面促进"一国两制"下粤港澳生产要素的跨境融合，在制度建设、城市规划、居民宜居、经济发展、生态和谐等领域取得举世瞩目的发展成就。综合来看，粤港澳大湾区是服务港澳地区融入内地的新形态，是与人民根本利益相连的、以经济发展和产业发展为基础的自然形态，是中国共产党执政成就的集中体现。要理解粤港澳大湾区城市群的协同发展，一方面，要深入了解其发展的基础和时代背景，这是粤港澳大湾区城市群协同发展的逻辑起点；另一方面，要充分理解其理论组成和理论内涵，这是粤港澳大湾区城市群协同发展的逻辑依托。

在宣传主线和发展主线明晰的基础上，要发挥标志性项目和工作的旗帜导向作用。在港澳地区做好对接、宣讲和宣传等工作，鼓励政府、企业和各类智库对外多"发声"，多谈有利于港澳地区发展的建设方案，大力宣传内地发展机遇和"双创"政策，树立港澳企业内地发展和港澳青年内地创业的标杆和榜样，激发港澳市场主体参与大湾区建设和港澳青年来粤创新创业的热情。以建设者的心态，多关怀港澳地区目前的问题，依托港澳资企业集聚区建设一批港澳地区青年创新创业基地，在广东自贸区、广深科技创新走廊、湾区西部和湾区东部粤港澳区域融合潜在发展区重点建设2～3个粤港澳经济深度合作和社会深度合作示范区，发挥第一代港商企业家的纽带桥梁作用，"传帮带"吸引港澳地区市场主体参与湾区共建中，吸引港澳地区青年和大学生进驻来粤创新创业，安居生活，全面营造粤港澳区域融合从经济深度合作到社会深度合作的和谐氛围，服务湾区发展和粤港澳深度融合。

参 考 文 献

[1] 李善民. 中国自由贸易试验区发展蓝皮书（2015—2016）[M]. 广州：中山大学出版社，2016.

[2] 艾德洲. 中国自贸区行政管理体制改革探索［J］. 中国行政管理，2017（10）.

[3] 陆玉麟，袁林旺，钟业喜. 中心地登记体系的演化模型［J］. 中国科学：地理科学，2011（8）.

[4] 周茂权. 点轴开发理论的溯源与发展［J］. 经济地理，1992（7）.

[5] 刘芬，邓宏兵，李雪平. 增长极理论、产业集群理论与我国区域经济发展［J］. 华中师范大学学报（自然科学版），2007（1）.

[6] 罗小龙，沈建法. 从"前店后厂"到港深都会：三十年港深关系之演变［J］. 经济地理，2010（5）.

[7] 张震. 大都市带理论梳理、概念评析与研究展望［J］. 现代经济探讨，2014（11）.

[8] 刘金祥. "大都市圈"战略是实现区域经济协调发展的重要途径，2004（6）.

[9] 齐鹏飞. "澳门故事"有机融入"中国梦"：刍议澳门回归15年的发展历程及其基本经验［J］. 港澳研究，2015（1）.

[10] 孙钦军. 澳门的回归与粤港澳经济一体化［J］. 改革与开放，2000（1）.

[11] 关红玲. 区域经济一体化中粤港服务业合作的现状与障碍

[J].当代港澳研究,2010(1).

[12] 林宙.从区域经济一体化看澳门的产业发展对策[J].特区经济,2009(10).

[13] 张日新,谷卓桐.粤港澳大湾区的来龙去脉与下一步[J].改革,2017(5).

[14] 黄晓慧,邹开敏."一带一路"倡议背景下的粤港澳大湾区文商旅融合发展[J].华南师范大学学报(社会科学版),2016(4).

[15] 邓志新.粤港澳大湾区:珠三角发展的新引擎[J].广东经济,2017(5).

[16] 林初昇."粤港澳大湾区"城市群发展规划之可为与不可为[J].热带地理,2017(6).

[17] 龙建辉.粤港澳大湾区打造全球物流枢纽的战略思考:新起点、新挑战、新任务与新举措[J].广东经济,2017(12).

[18] 刘卫东."一带一路"倡议的科学内涵与科学问题[J].地理科学进展,2015(5).

[19] 邹嘉龄,刘春腊,尹国庆,等.中国与"一带一路"沿线国家贸易格局及其经济贡献[J].地理科学进展,2015(5).

[20] 杜德斌,马亚华."一带一路":中华民族复兴的地缘大倡议[J].地理研究,2015(6).

[21] 何茂春,张冀兵,张雅芃,等."一带一路"倡议面临的障碍与对策[J].新疆师范大学学报(哲学社会科学版),2015(3).

[22] 苏东斌.CEPA的实施与粤港澳的合作[J].特区经济,2004(3).

[23] 谢宝剑."一国两制"背景下的粤港澳社会融合研究[J].中山大学学报(社会科学版),2012(5).

[24] 陈广汉.推进粤港澳经济一体化研究[J].珠江经济,

2008（6）.

［25］梁育民. 更紧密经贸关系与粤港澳合作［J］. 特区经济，2002（5）.

［26］陈瑞莲. 论回归前后的粤港澳政府间关系：从集团理论的视角分析［J］. 中山大学学报（社会科学版），2004（1）.

［27］吴思海. 深化粤港澳经贸合作的困境及对策［J］. 知识经济，2009（8）.

［28］杨敏，周尚万. 论珠江三角洲区域经济聚集效应与一体化［J］. 社会主义研究，2009（3）.

［29］吴殿廷，史培军，梁进社. 澳门产业经济发展战略研究［J］. 广东社会科学，2001（1）.

［30］杨劲. 粤港澳新一轮区域经济整合与发展［J］. 珠江经济，2004（8）.

［31］叶园园，彭贵. 大都市区管治理论、现实与对策：以珠三角为例证［C］. 2012年岭南经济论坛暨广东经济学会年会，2012.

［32］杨英，秦浩明. 粤港澳深度融合制度创新的典型区域研究：横琴、前海、南沙制度创新比较［J］. 科技进步与对策，2014（1）.

［33］江保国. 粤港澳特别合作区的法律思考［J］. 开放导报，2008（6）.

［34］张紧跟. 区域公共管理视野下的行政区划改革：以珠江三角洲为例［J］. 珠江经济，2007（11）.

［35］丘志乔. 完善粤港澳紧密合作区协商解决机制［J］. 开放导报，2011（4）.

［36］程永林. 区域整合、制度绩效与利益协调［D］. 广州：暨南大学，2007.

［37］周奕丰. 提升粤港澳社会组织合作水平［N］. 南方日报，2014-03-12（2）.

［38］张光南，黎叶子，伍俐斌. 粤港澳服务贸易自由化"负面

清单"管理的问题与对策[J].港澳研究,2016(2).

[39] 吕洪财,奚浩瀚.广州海关助力自贸区"放管服"改革[N].国际商报,2016-08-23(B02).

[40] 周焕月.自贸区建设给广东经贸带来的契机[J].北方经贸,2017(6).

[41] 胡婉茜.中国自由贸易试验区法制建设探析[J].苏州:苏州大学,2016.

[42] 张李源清,莫超巽.破除粤港澳自贸"玻璃门"[N].中国经济时报,2014-12-26(7).

[43] 林珊,林发彬.贸易投资便利化与全球价值链需求的对接:以福建自贸试验区为例[J].亚太经济,2017(9).

[44] 张宁.广东自贸区金融改革创新的几点思考[J].新经济,2015(12).

[45] 湛立,吴勇,尹怡然.广东出台首个自贸试验区知识产权工作指导文件[J].广东科技报,2015-10-16(9).

[46] 陈豪光.广东自贸区设立对广东航运业发展的影响及对策研究[J].南方论刊,2015(8).

[47] 宋振凌.对广东自贸实验区金融制度创新路径的探讨[J].法制与经济,2017(12).

[48] 王孝松,卢长庚.中国自由贸易试验区的竞争策略探索:基于上海、广东自贸区的比较分析[J].教学与研究,2017(2).

[49] 梁少毅,任玎.广东自贸区发展建议[J].合作经济与科技,2016(6).

[50] 邵丽娜.浅谈面向广东自贸区的高校人才培养模式[J].商场现代化,2016(17).